U000564

佛 光 山 心 保 和 尚

晨齋
語錄 *365*

心保和尚

一九六四年生，臺灣臺中人。一九八八年，禮星雲大師披剃出家，為臨濟宗第四十九代傳人，歷任鹿野苑、溫哥華佛光山職事及佛光緣美術館美國西來館館長，二〇〇四年起擔任美國西來寺住持八年，二〇一三年繼心培和尚後成為佛光山寺第九任住持至今。

由於家有佛堂，自幼熏習佛法，先就讀佛光山佛學院，後皈依星雲大師，秉持人間佛教「處處可修行」的法門，以空為樂、以無為有，以「做好事、說好話、存好心」三好，以及「給人信心、給人歡喜、給人希望、給人方便」四給，與佛法相應。

以「人才培養」與「發展本山及各地道場特色」作為弘法二大方針。認為沒有天生的釋迦、沒有自然的彌勒，只要不放棄、肯學習，就能成功。

壹

Morning

Dharma

Words

讓我在新的一年裡，
所說的言語，都是慈悲善良、鼓勵向上的好話；
所做的事情，都是令人歡喜、利益大眾的好事；
所存的心意，都是祝福他人、回向他人的好心；
所有的行止，都是幫助國家、協助世界的美好。

《佛光祈願文・新春祈願文》

新的一年的開始，
新年新的希望、新的願力，
大家在新春裡有一個好的開始。

一個人的人格，品德，必須要有涵養，要有價值。

做人如何給人尊重？

一、要有愛護大眾的慈悲。

二、要有行止莊重的威儀。

三、要有道德忠誠的氣度。

四、要有情理通達的涵養。

《星雲法語 · 如何給人尊重》

給人尊重，就是大眾對你的肯定。人我之間是互動的，把身心做好，固然重要，能夠尊重他人、肯定別人也很重要。

《維摩經》：「我有法樂，不樂世俗之樂。」有禪悅、法喜、真理及大眾之樂的人，人生就會不一樣。

《如是說 · 人生需要平安和希望》

世間的快樂，是五欲之樂。

欲望的追求，帶給自己內心的空虛；

學法的快樂，是心中法喜之樂。

有禪悅般若，有慈悲喜捨，

有平等包容，有無我放下，

就是自在的人生。

004

在佛教裡強調，一切事物的成就，都需有很多的因緣條件共同助成；宇宙之間，任何一個人都不能單獨存在，都是彼此相關。

《如是說 · 眾緣成就》

世間每一件事物或每一個生命、每一個人，
都在無盡的因緣之中。
因緣中，可以看到因果，所以講因緣果報；
因緣中，也可以見到智慧，所以講緣起性空。
要成就，須因緣具足；
要自在，須知緣起緣滅的般若空性。

005

做人，要做什麼樣的人呢？

做讀書人，做聖賢人，做一個要有品格、有風範、有禮儀、有擔當、有使命感，能以天下為己任的人。

《星雲大師年譜‧二○一三年》

品格高尚的人，心中總是為大眾著想，

如同菩薩所做，饒益有情，

讓眾生離苦，令眾生歡喜，

而能廣度有情。

這是菩薩行的擔當、菩薩道的使命，

也是我們學佛的方向。

世間上最重要的就是好人，「好」，代表能給人
接受、給人歡喜。好的因緣，如同好的種子；播
下好的種子，才能結出好的果實。

《如是說 · 三好做為傳家寶》

自己需要好因緣，才能身心安住；
社會需要好因緣，才能和諧安樂。
因此，好人很重要。
好人多了，團體才能進步，
如同心中善念多了，就能自在歡喜。

人生最大的無明是怨尤！如何處世無怨？

一、要親近善友。

二、要不嫉他勝。

三、要喜人獲譽。

四、要聞善著意。

《星雲法語‧處世無怨》

無明，指心中的癡闇，是三毒之一。

不明白道理，不知如何做事，

不知本分立場，不知與人溝通；

凡事計較分別，不會精進努力，

不懂發心立願，只會懈怠懶惰，逃避推諉。

這樣的人，實在很難進步，

只能隨業流轉，苦海中沉淪。

一、去偽存誠，信用如一。
二、言語行為，內外不二。
三、矢勤矢勇，貫徹始終。
四、實事求是，腳踏實地。

《星雲法語・成就事業的條件》

世間因緣所成，把握正確的因素，必能成功。

星雲大師在《成就的祕訣——金剛經》一書中，也提出四點，讓大家在行菩薩道時，能有所成就。

「無相布施，成就無限的功德；無我度生，成就無上的慈悲；無住生活，成就真正的自在；無得而修，成就真實的獲得。」

見學勝己，不生妒心；自勝他人，不生憍慢。

《優婆塞戒經》卷四

見他受樂，心生歡喜；善心相續，間無斷絕。

《優婆塞戒經》卷三

自受樂時，不輕他人；見他受苦，不生歡喜。

《優婆塞戒經》卷二

在人間，是人我互動的關係。

對於他人，不生輕視憍慢之心；

對於自己，善心相續，歡喜為人。

修行就在起心動念之間，

有好的想法、觀念，

才有好的行為，才有清淨的身口意。

010

我們可以運用我們的智慧、慈悲，慢慢的去影響，把壞的一半、惡的一半轉變成好的，這是我們應該要努力的地方。

《如是說 · 佛魔各占一半》

我們的心念有好有壞，
唯識說「轉識成智」，
就是要把煩惱轉成菩提，
把前五識轉成「成所作智」；
把分別的第六識轉成「妙觀察智」；
把執著的第七末那識轉成「平等性智」；
把第八阿賴耶識轉成「大圓鏡智」。
將煩惱轉成菩提，
就可了解煩惱即菩提的道理。

011

水性屈伸自如，婉轉自在，很值得吾人學習。

「水的啟示」八點如下：

一、可彎可直；二、可深可淺；

三、可剛可柔；四、可出可入；

五、可載可沉；六、可洗可喝；

七、可淨可穢；八、可敬可畏。

《人間萬事・水的啟示》

佛如光，法如水。

佛帶給我們智慧，

如同光明照亮世間；

法帶著我們趨向解脫，

如同水洗滌身心的煩惱。

星雲大師的心願：「佛光普照三千界，

法水長流五大洲」。

人能弘道，大家發心，

才能將佛法燈燈相續。

012

地勢險要之處，稱為交通鎖鑰；治學也有要點，稱為入門寶鑰。「人生四鑰」，可以幫助我們進入幸福快樂的門戶。

一、歡悅是人生的良藥；二、榮譽是增上的品格；三、滿足是財富的泉源；四、行善是道者的風儀。

《星雲法語·人生四鑰》

「諸惡莫作，眾善奉行，自淨其意，是諸佛教。」

這是七佛通偈，過去七佛共同的教法，也是學佛的重點所在。

四弘誓願，更是菩薩的堅固宏願。

「勤修戒定慧，息滅貪瞋癡」，是修行上的指標。

只要把握住方向寶鑰，不再迷失，學佛修行，自然水到渠成。

013

春天，不是季節，而是內心；
生命，不是軀體，而是心性；
老人，不是年齡，而是心境；
人生，不是歲月，而是永恆。

《佛光菜根譚 · 自然因果法則》

新年新希望，
我們要用一顆美好的心，
來迎接新的一年。
讓新的一年，更加吉祥，
活出光明的歲月。

社會上有很多種人，有好人、壞人、善人、惡人。

「人的次第」還可以分出四等：

一、重信守諾是第一等人；

二、光明磊落是第二等人；

三、聰明才辯是第三等人；

四、自私自利是第四等人。

《星雲法語・人的次第》

在修行上，
有人了解世間所有的因緣果報，
有人了解出世間的無常、無我、
無所有、不可得。
佛陀告訴我們圓滿的法要，
就是要知道緣起的有，
也要知道無常的空幻。

015

在佛門用「寶」來形容諸佛菩薩及法之崇高尊貴，
如「寶相莊嚴」、「寶地清淨」。而在人生道上，
我們要以何為寶？
一、禪定使躁動者沉穩。
二、歷練使無識者睿智。
三、信念使失敗者成功。
四、慈悲使懦弱者勇敢。

《星雲法語・人生四寶》

才能發揮心中財寶的功能。
知道了會用，行佛力行，
自己要清楚明白。所謂「自家寶藏」，
每個人心中都有無限財寶，
聽聞、布施、定慧。
稱為七聖財，即信心、持戒、慚、愧、
佛法也指出我們心中有七種寶，
我們知道財就是寶，

016

以智慧淨水，洗清妄想分別；
以般若火炬，照亮內心世界。

《佛光菜根譚 ‧ 教化修行責任》

我們不想妄想分別，
但要看有沒有智慧淨水；
想要內心光亮，
就看有沒有般若火炬。
般若智慧是佛法中的精華，
三世諸佛依般若而生，
三界眾生依般若而解脫自在。
因此，在種種修行法門中，
就看能不能與般若智慧相應。

017

雙手能寫文章，能繡花，能繪畫，能處理很多事
情，雙手真是萬能。雙手的功能很多，例如：
一、能給能受；二、能文能武；
三、能開能合；四、能高能低。

《人間萬事‧雙手萬能》

安徽九華山化城寺大雄寶殿的對聯：
「願將佛手雙垂下，摸得人心一樣平」。
我們要學習觀音菩薩的千手千眼，
用種種方法，度種種眾生。

018

有涵養的人，其展現在外的風度姿儀，甚為豐富深厚。有涵養者的形象有四點：

一、聰明者不迷。二、正見者不邪。

三、有容者不妒。四、心靜者不煩。

《星雲法語‧涵養風姿》

涵養，是一個人的品格，

具有美德、道德、高尚、高雅的特質，

會帶給大家心中的歡喜。

修行裡，

慈悲包容是涵養，忍辱禪定是涵養，

喜捨布施是涵養，智慧自在是涵養。

這些都是我們每個人要學習、要具足的。

019

融和是一種容人的雅量。

融和是一種平等的對待。

融和是一種尊重的言行。

融和是一種相處的藝術。

《星雲法語・融和的真義》

佛教講和敬，

有和敬，才有和諧；

有和諧，才能融和。

融和也是一門智慧。

放下己見，與佛學習，才能融和

平等無二，不生對立，

無有爭執，才能融和。

有融和，才有自在；

有融和，才能合作；

有融和，才會歡喜。

020

要讓人家接受我，自己就要努力、要低頭、要對人好，從讀自己而能認識自己、改變自己，進而讀出成功之路。

《如是說・人生要讀什麼？》

要讓人接受，不要讓人受不了，
不要讓人對你起反感。
所以，要讓人接受，就要自己努力，
在修行上、在主動發心上精進，
在慈悲包容中用功。
可以讓人接受，才能被大眾接受，
在大眾當中做一個自在的人。

志由事立，事立則志成。
佛由人成，人成即佛成。

《佛光菜根譚・自然因果法則》

大家學佛修行是好事，
可以說在世間是最吉祥的一件事情。
如果把學佛修行當成是自己的志業，
那一定會更有力量。
如同孔子十五立志向學，
我們學佛也要立志向道。
這樣的話，修行對我們來講，就是自己的使命。
立志把人做好、把人做圓滿，也就是成佛了。

022

懺悔發願很重要,懺悔如水,可以洗滌我們的罪業;懺悔之後,還要繼續發願,有了大願力,就有消減罪業的機會。

《如是說》

每個人都有自己的煩惱,

煩惱如蓋,障閉本心,汙染身心。

懺悔如水,讓我們洗滌惹尤,才能容受妙法。

懺悔之後,還要發願,發菩提心願,

成就自覺覺他的菩提心。

如果懺悔不發願,如同陶家瓦器,

坏質已就,不經火燒,終不堪用。

所以,懺悔發願,行願相資,方成妙用。

023

我們不管做什麼事情，要能保持最初的那份發心
與熱情，不要忘記你最初的夢想、願景，堅持住
理想，奮鬥到底，人生自然無怨無悔，也會減少
許多無謂的煩惱。

《如是說》

星雲大師一直以來
都在提醒我們要不忘初心。
「初心不忘，成佛有餘」，
也是一股最真誠的力量，最堅固的基石。

024

懂得進退得宜，出入有序，是做人處事的基本條件。
在進退間恭敬，在往來時寬厚，更是立身處世之道。
處治世立威望，處亂世用圓通，處高處要謙恭，處
低處勤用功。

《星雲法語‧處世》

對人、對事，是處世要面對的。

人事的經歷，是要我們生智慧，

不是要我們生煩惱。

立身處世，是要我們在迷悟之間，

走向正道、走向自在、走向解脫。

信仰要有真心，
求法要有耐心，
修道要有恆心，
護法要有熱心。

《星雲法語・堅固四心》

佛陀教我們觀心無常，心是心念的相續，心念是生生滅滅，是起起落落，而且一直受到外在因緣的影響。

因此，在心的生滅相續當中，能保有真心、耐心、恆心、熱心，實屬不易。

這是我們要努力的地方，同時也是修行的殊勝，讓我們對佛法起堅固不壞的信念。

團結不是呼口號,該如何具體展現?

一、要容許異己,

二、要分工合作,

三、要遷就大眾,

四、要犧牲自我。

《星雲法語‧團結的真義》

團體要進步,要團結;

佛法要興隆,要團結。

團結力量大,不是個人所能成就。

很多人在工作上,只想到自己的利益,

沒有看到團體,不可能團結,

也就不會做到集體創作。

在修行上,種種善法成就因緣集體,

就能產生佛法的力量,

去除煩惱而處自在。

信對一個人非常重要，對國家要有信心，對社會
要有信心；最重要的是，對自己要有信心。

《如是說 ‧ 誠信是成功之要》

信心就是力量。

缺乏信心的人，身心脆弱，
小事都不成，何況大事？

信心是心中的財寶、身心的依靠，

信心具足，自然會快樂，充滿活力。

做一個主管要：

一、不露喜怒之色，

二、不昧己身之過，

三、不拒困難之事，

四、不信一面之詞。

《星雲法語・主管的形象》

主管是職務工作階層中重要的環節，帶領所屬，一起努力達成目標。

佛陀過去世行菩薩道時，做過轉輪聖王、龍王、帝釋天王、國王等的領導階層，從中增加福德，開發智慧。

所以，主管的職務，除了承擔之外，更是進步提升的機緣。

主管當得好，帶人帶心，才有上下交流的團結力量。

四心，就是慈心、悲心、喜心、捨心。
如何在生活中發揮「四心的妙用」？
一、慈心能降伏一切惡霸。
二、悲心能遠離一切邪惡。
三、喜心能善願所求如意。
四、捨心能獲得自在解脫。

《星雲法語・四心妙用》

佛法很殊勝，但要會用。

好的心腸，
可以幫助別人，也可以幫助自己。

有慈悲，能予樂拔苦，大家高興；
有喜捨，能給人歡喜，大家自在。
沒有慈悲，要成就智慧也很困難；
沒有喜捨，要放下煩惱也沒辦法。

030

日有升沉起落，故有晚霞餘映；
月有陰晴圓缺，故有皓月當空；
人有悲歡離合，故有聚散情緣；
世有苦空無常，故有真理示現。

《佛光菜根譚 · 自然因果法則》

世間不是單一，而是多元的。
多元就是因緣，因緣又是無常變異。
所以，了解因緣，明白緣起，
便能見法的種種；不執著單一，
就能見到世間的圓滿與美好。

有一隻狗跑到水井邊，牠瞪大眼睛，翹高尾巴，汪！汪！地吠著，低下頭時，牠看見井裡也有一隻狗，和牠一樣，瞪大眼睛，翹高尾巴，汪！汪！地吠著。牠不禁大怒，對著井裡的狗狂吠。井裡的狗也怒氣沖沖，對著牠狂吠。這隻狗愈想愈生氣，便向井裡的狗撲去。這隻狗無知的要和自己的影子諍鬥，以致喪失寶貴的身命。

《金剛經講話》

狗雖然癡傻，反觀我們的心，不也是日夜於六根塵影苦苦爭休不已。對於七情六欲的幻相以為真實，而身陷貪瞋煩惱的束縛，不得自在。所以，《圓覺經》云：「知幻即離，離幻即覺」，才能解脫歡喜。

貳

Morning

Dharma

Words

032

誠信是個人的價值，有誠信就會有價值；
沒有誠信，最終失敗的還是自己。

《如是說 ‧ 誠信是成功之要》

每個人都有自己的價值觀，
只要是向善的，都是自我肯定的力量。
星雲大師說「待人要厚道」，
厚道如同誠信一樣，被人所尊重肯定
同時，佛法真理也是我們的價值。
在佛法的價值中，人人發光發熱，
發菩提心，就可以成就菩提道業。

033

生命中的四種依靠：

一、以信心為手杖。

二、以智慧為明燈。

三、以慈悲為寶筏。

四、以喜捨為珍寶。

《星雲法語・生命四依》

世間一切都是緣起，生命也是一樣。

有因有緣，才有生命的現象。

因緣具足而有，因緣消失而不存在。

所以，有信心智慧、有慈悲喜捨，

是生命的依靠。

缺乏依靠，生命就顯得貧困，無有光輝，

活得相當辛苦、相當煩惱。

因此，要重視好的因緣，

也就是我們常說好因好緣。

034

做事可以從小事做起，累積豐富經驗；做事也可
以以大事作為目標，不斷努力，成就一番事業。
如何做事？
一、做大事有魄力，二、做小事要細心，
三、做難事肯忍耐，四、做善事能無相。

《星雲法語‧做事方針》

唐朝馬祖道一禪師的大弟子百丈禪師，
他「一日不作，一日不食」，
從做事中，與禪相應。
因此，也造就了日後的弟子們
成立溈仰宗與臨濟宗的契機。

035

人要直下承擔，承認自己「我是佛」，只要每一個人肯承認「我是佛」，他的人生即刻就不一樣。

《如是說 ‧ 佛教以信仰為本》

「人成即佛成」，
佛是人做的，所以說人是未來佛；
這也是給自己最大的價值肯定，
給自己最好的光明未來。
在職務工作中也是一樣，
能夠肯定承擔自己的職責，
扮演好自己的角色，做好自己的事情，
就可以勝任愉快。

人一生堅守的人品、道德，不能隨便改變自己正派、正道的原則；但在社會上與人相處，也要能隨緣，學習圓融處世的哲學。隨緣的人生，當提起要提起，該放下就放下，這樣，才能過一個逍遙自在的人生。

《如是說・四部經的人生智慧》

菩提心、菩薩行，
是我們修行不變的原則，但處在世間，
也要有普賢菩薩恆順眾生的隨緣，
從中聚集因緣，才能廣度有情。

忍一句，禍根從此無生處；

饒一著，切莫與人爭強弱；

耐一時，火坑變作白蓮池；

退一步，便是人間修行路。

《佛光菜根譚‧慈悲智慧忍耐》

人要沉得住氣，彎得下腰，低得下頭，才有力量挺直身軀，頂立天地之間。所以，忍耐是內斂的功夫，也是韜光養晦的修養。

038

見和同解，在思想上，建立共識，是思想的統一。
戒和同修，在法制上，人人平等，是法制的平等。
利和同均，在經濟上，均衡分配，是經濟的均衡。
意和同悅，在精神上，志同道合，是心意的開展。
口和無諍，在言語上，和諧無諍，是語言的親切。
身和同住，在行為上，不侵犯人，是相處的和樂。

《佛教管理學・佛陀的管理學》

六和敬，是人我之間的相處之道，
懂得我是眾中之一，
明白自己與他人是互依互存的
同體共生關係，凡事以和為貴，
就能發揮團體的力量。

039

一般人都希望擁有錢財，然而擁有錢財不一定幸
福。生命中應該擁有一些什麼？

一、要擁有時間，

二、要擁有安全，

三、要擁有因緣，

四、要擁有希望。

《人間萬事 · 生命的擁有》

生命是可貴的，
我們希望生命快樂自在。
佛教雖說無常、無我，
但也肯定因緣的重要性。
要讓生命精彩不空過，
要具足種種因緣的善美。

040

我們要學習做菩薩，不要記恨別人對我們做了不好的事情，要多記住別人的好事，所謂「量大福大」，不念舊惡，對我們人生的修養，會有很大的提升與幫助。

《如是說 · 四部經的人生智慧》

不要記恨、不念舊惡，是很好的修行。

記恨，即是瞋恨，

執著過去的心念影像，

把已經過去的當成實境，

因此容易報復對方，將煩惱一直延續。

苦海無邊，應該知道過去心不可得，

與真理空性相應，才能量大福大，

自在逍遙。

041

蒲團清坐道心長，消受蓮花自在香，
八萬四千門路別，誰知方寸即西方。

張問陶〈禪悅〉之一

張問陶，清代傑出詩人、詩論家，
著名書畫家，是乾隆年間的進士。

《阿彌陀經》說到「其國眾生，
無有眾苦，但受諸樂，故名極樂。」

沒有痛苦，唯有快樂，這就是極樂世界。

只要心中有歡喜，知足安樂，
不生苦惱，淨土就在這裡。

因此，我們說淨土即此方，此方即淨土，
不需要東奔西跑，當下即是。

042

百戰百勝，不如一忍；
萬言萬當，不如一默。

黃庭堅〈贈張叔和詩〉

宋朝大文學家黃庭堅的〈贈張叔和詩〉，
指謹言慎行，以求自安。

雄辯是銀，沉默是金。

雖然當言當作，但智慧無言，更是巧上的禪機。

清代三朝名相張廷玉，

他之所以能夠歷三朝而榮辱不衰，

主要是他「謹言慎行，真心辦事，功成不居，
敗不推諉」，更重要的是，

謹遵萬言萬當，不如一默的原則。

山雨溪雲散墨痕，松風清坐息塵根；
筆端悟得真三昧，便是如來不二門。

鄧文原〈題黃庭堅松風閣詩卷跋〉

元初鄧文原先生，
曾經擔任皇室大藏經的編纂工作，
鼓勵學子不要有太多的守舊思想。

此首偈原為黃庭堅《松風閣詩帖》所題的跋。

不二法門，超越人我對待、
超越種種分別的平等真理。

不二法門，非語言文字可以述說，
只要息下妄見分別，山川雲水間，
處處有其蹤跡。

我們希望別人怎麼待我，我就先如何待人。

與人相處的準則有以下四點：

一、相見要以誠、以真。

二、相待要以禮、以敬。

三、相處要以平、以淡。

四、相勉要以學、以道。

《星雲法語‧相處準則》

生活要快樂、自在，與人相處的學問很重要。

因為我們的生活離不開人、離不開人間。

哈佛大學研究中心長達七十五年的研究指出，其實快樂的關鍵在於人。

好的人際關係帶給我們快樂，所以人是快樂的因緣。

把相處準則做好，我們就會有好的人際關係，就能在大眾中隨緣自在。

每個人都有生命，有生命才能生存，生命到底在
哪裡？
一、生命在活動裡，二、生命在呼吸間，
三、生命在循環中，四、生命在攝取時，
五、生命在群眾中，六、生命在大地上。

《人間萬事‧生命在哪裡？》

生命可貴，稀有難得；
生命也是短暫，如夢幻泡影。
生命在呼吸間，一口氣不來，人天永隔。
生死在一瞬間，一念接不上，各走他鄉。
儘管如此，在生命的相續循環中，
更有它的特質。
所以，要發揮其價值，在生命無盡燈中，
閃爍智慧的光輝。

046

不論來早或來遲，我們種下的善惡之業，都會回到我們的身上，所以要守護我們的慈悲、智慧，不要被「惡業」驅使，結下惡果。

《如是說 · 業力都會回到自身》

百丈禪師的「不昧因果」，可說是至理名言。

佛雖成道，但還是有九難的業緣。

因此，對於自己的身口意三業，不能不謹慎，否則養成惡習，實在不好改。

047

在《華嚴經・夜摩天宮菩薩說偈品》裡，如來
林菩薩有言：

心如工畫師，畫種種五陰，

一切世界中，無法而不造。

如心佛亦爾，如佛眾生然，

心佛及眾生，是三無差別。

諸佛悉了知，一切從心轉，

若能如是解，彼人見真佛。

《華嚴經卷十・夜摩天宮菩薩說偈品》

佛法很重視轉煩惱成菩提，

也就是轉識成智。

能轉就是佛，不能轉是凡夫。

所以，凡事存好心，

往好處想，往道上會，

就能自在成就智慧菩提。

048

在《華嚴經‧盧舍那佛品》裡面，有闡述大小一如、一即一切的思想，如以下偈文：

一毛孔中，無量佛剎，莊嚴清淨，曠然安住。
於一塵內，微細國土，一切塵等，悉於中住。

《華嚴經卷三‧盧舍那佛品》

一花可以是一世界，一葉等同是一如來。

我們也常說：

「須彌納芥子，芥子納須彌。」

這都在說明，大道理中，清晰見小事物；小事物裡面，通徹大道理。

大小等同，無有分別。

在《信心銘》中也說：

「一即一切，一切即一。」

這個都是在去除我們的分別、去除我們的計較。

信為道源功德母，增長一切諸善法，
除滅一切諸疑惑，示現開發無上道。
淨信離垢心堅固，滅除憍慢恭敬本，
信是寶藏第一法，為清淨手受眾行。

《華嚴經卷六・賢首菩薩品》

斷疑才能生信。疑就是煩惱，
比如在人我之間計較，
在個人團體裡面分別，
因而泯滅自心的善根。
能夠在煩惱中看見佛法的價值，
才能生起對佛法的信心。

050

在《華嚴經・兜率天宮菩薩雲集讚佛品》金剛
幢菩薩有言：
欲求一切智，自然成正覺，
先當淨其心，具修菩薩行。

《華嚴經卷十四・兜率天宮菩薩雲集讚佛品》

發心學佛，就是要發心跟佛一樣，很自然的會趨向無上正等正覺；也就是愈來愈像佛，愈來愈接近佛。

所以，在《楞嚴經・大勢至菩薩念佛圓通章》裡講到：「若眾生心，憶佛念佛，現前當來，必定見佛。去佛不遠，不假方便，自得心開。」

發心向道，以修行為志業，以菩薩行為所依，是很重要的方向。

051

君子平日待人以誠，求學以專，謹言慎行，其所
行都是正道，不會循私貪求。
一個君子須能做到以下四真：
一、真心無妄念，二、真口無雜語，
三、真耳無邪聞，四、真日無錯識。

《星雲法語・君子四真》

「真」就是如實不虛假，
亦可說是本來面目的真如本性。
佛教說「如實了知」，
就是見到真理實相，也叫見真。
君子與真相應，修道者一心修行，
即可以見真章，與實相契合，
而登彼岸。

052

做人最要緊的就是處事態度。如以下幾點：

一、處事不以易而疏忽，

二、處事不以難而退卻，

三、處事不以久而懈怠，

四、處事不以逆而憤怒。

《星雲法語・處事之要》

我們常說，會辦事的人能幹，
這固然很重要。
除了能力之外，態度也很要緊，
疏忽、退卻、懈怠、憤怒，
能力再好，也辦不好事。
所以，在態度上，能與佛法結合，
才能圓滿其事。
我們可以用細心、不退、
精進、忍辱來處事，自利利他，
廣結善緣，增福增慧。

053

佛法僧三寶，以法為尊；法之所在，最為尊貴。
《長阿含經》的「四法最上」，可以做為我們生
活的圭臬。「四法最上」就是：
一、布施者得福。
二、慈心者無怨。
三、為善者銷惡。
四、離欲者無惱。

《星雲法語・四法最上》

「法」是通向解脫自在的道路，
荒山野地不良於行，
且障礙重重，有了道路，
便能很快到達目的地。
佛陀為眾生，
開闢了修行的道路，
讓我們不但不迷失，
而且很快的到達成就的境界。
因此，對於法，要珍惜、
要護持，更要實踐。

佛教要從深山走向社會，從寺院走進家庭，
從僧侶走向在家信徒，未來佛教才有希望。

《如是說 · 守戒讓佛法常住》

佛法不只是在經典書本裡面，
人能弘道，要走出去，
才能將佛法流入每個人的心中。
也唯有如此，法的傳承，
才能燈燈相續，無窮無盡，盡未來際。

055

一、勤勞的人做事，有始有終。

二、誠實的人做事，有規有矩。

三、聰明的人做事，有條有理。

四、樂觀的人做事，有歡有喜。

五、謹慎的人做事，有守有為。

《星雲法語・做事》

每天我們都在做事情，也因為方法不同，
結果就不一樣。
好好的一件事情，
不好好做，大家怨聲載道。
不容易的事情，制心一處，
成就功德，大家歡欣鼓舞。
也就是做事的背後，要有正向的道理，
才能理事圓融，大家歡喜讚歎。

「多一分」、「少一分」，如何適切的拿捏，是一門人生哲學。「多」與「少」提供四點意見：

一、多一分謹慎，少一分失敗，

二、多一分預防，少一分災害，

三、多一分保健，少一分病痛，

四、多一分善心，少一分罪惡。

《星雲法語‧多與少》

世間往往都是在利益上計較，想要多一點便宜，不想吃虧。

也因為如此，

貪心就多一點，福報就少一點。

如果布施多一點，散亂就會少一點；

禪定多一點，貪心就會少一點；

努力多一點，懈怠就會少一點。

要多的是善法，要少的是煩惱。

所以，佛陀常說，少煩少惱，最為吉祥。

日常生活裡有四句真理，可以幫助我們在人生的
道路上，行走安然、自在。「人生四諦」有四點：

一、良藥苦口利於病，

二、澹泊明志利於心，

三、忠言逆耳利於行，

四、清淨無求利於修。

《星雲大師語錄》

諦，就是真理，也就是實相。

按照這個實相道理來做的話，

可以讓我們身心歡喜自在。

真理讓我們不迷失，

真理讓我們起信心，

真理讓我們很受用，

真理讓我們生歡喜。

058

在《華嚴經》一切海慧自在智明王菩薩有言：
佛覺諸法，平等真實，
無有障礙，淨如虛空。

《華嚴經》卷二

「是法平等，無有高下，
是名阿耨多羅三藐三菩提。」

所以，平等就是佛，一切法無常，

因此一切法平等，一切法無我非我所，

因而一切法平等，也就是說世間平等，

世間一切皆是在平等的道理之下，

知道諸法平等，不起分別妄想乃至執著，

這就是佛。

059

各有天真佛，號之為寶王，
珠光日夜照，玄妙卒難量。

〈拾得詩〉

《六祖壇經》云：
「菩提自性，本來清淨，
但用此心，直了成佛。」
心本來是清淨的、自在的、
解脫的、歡喜快樂的，
回歸到本性本來，如同與佛平等，
也就是人人心中都有的真佛。

參

060

處於大眾中，個人起心動念要無愧於心。
提升自我修養，要具有勇氣、能見義勇為；
有修養的人只有大眾，沒有自己，
將他人利益看得比個人利益重要。

《如是說 ‧ 成功是散發正向的影響力》

大眾是修行的道場，
要感念、要把握。
我們在眾中，是眾中的一個，
是會愈來愈自我，
還是愈來愈無我，
全憑心中的智慧觀照。

061

人間寒山道，寒山路不通，
夏天冰未釋，日出霧朦朧。
似我何由屆？與君心不同，
君心若是我，還得到其中。

〈寒山詩〉

寒山與拾得，相傳是文殊、
普賢的化身，並稱「和合二仙」。
凡夫的心境，畢竟與聖賢大不同。
一般人計較分別，執著障礙，
即使旭日東升，陽光普照，
自己還是走不出內心的幽暗。
聖賢之心，行雲流水，
處處自在，時時無礙。
若我們的心能與聖賢一樣，
無有罣礙，轉迷為悟，
自然能與寒山大士的境界相契合。

君不見三界之中紛擾擾，只為無明不了絕。

一念不生心澄然，無去無來不生滅。

〈拾得詩〉

狂心頓歇，歇即菩提。

心能停下來，不起狂瀾，

沒有來去的奔波，

沒有生滅的輪迴，

不假他求，當下自在，即是解脫。

063

余有一寶劍，非是世間鐵，
成來更不磨，晶晶白如雪。

《龐居士語錄》卷二

我們心中都有一把智慧劍，
這把劍不同於世間的平凡，
確實可以斬斷人間的煩惱。
這把劍，光明照耀，爍耀古今，
本來如是，如同智慧光輝，
千年暗室，一照即明。

人要如何樹立自己的信譽，為自己定位，為自己
的形象創造出一個品牌？
一、有人以誠實為信譽，二、有人以勇敢為信譽，
三、有人以慈善為信譽，四、有人以孝順為信譽，
五、有人以公益為信譽，六、有人以勤儉為信譽，
七、有人以正義為信譽，八、有人以隱士為信譽。

《人間萬事‧信譽》

觀音以慈悲著稱，大勢至以喜捨著名，文殊以智慧為象徵，普賢以大行為力量，地藏以大願為願心，這是大菩薩們的信譽品牌。

在大眾裡面，要得到所有人的景仰，所謂「道高龍虎伏，德重鬼神欽」。

因此，要成就自己的信譽、品牌、風格，需要自己好好努力一番。

無你、無我、無生死分隔的「超越觀」是佛道；

無自、無他、無怨親對待的「慈悲觀」是佛道；

無彼、無此、無人我差別的「緣起觀」是佛道；

無私、無欲、無利害得失的「平等觀」是佛道。

《佛光菜根譚・自然因果法則》

一個「無」字，道盡多少的佛法，雖然是「無」，卻是智慧的光輝。《金剛經》講：「無我相、無人相、無眾生相、無壽者相。」也講「無法相」，《六祖壇經》講無相、無念、無住、本來無一物，才能解脫自在。

迷時愛欲心如火，心開悟理火成灰；
灰火本來同一體，當知妄盡即如來。

《龐居士語錄》卷三

迷悟在一念之間；

「一念之間」靠的就是智慧。

我們常說覺悟、悟道，悟出世間雖然有，

但畢竟無常，所以當下的有，

是一種幻化。能悟出一點道理，

心中才有光明日照的生活顯現。

能明白自己的心，掌握自己的心，便能做自己的主人。「人之四心」就是：

一、慈悲是惻隱之心。

二、明理是辨別之心。

三、愚癡是貪瞋之心。

四、智慧是善美之心。

《星雲法語・人之四心》

「心」可以說是我們的世界。

心如果被煩惱所覆蓋，不能自主；心不被煩惱所影響，才能自在。

因此，心需要善法、慈悲、智慧、正見、正念、正向等，才能抵擋煩惱的侵入。

這樣，心才能自在，做自己的主人。

自己的困難，自己要能化解，問別人沒有用。
要找自己，自己才能修正自己的缺失，自己就是
自己的貴人，自己也是自己的明燈，以此光明照
亮人間。

《如是說 ・ 做自己的明燈》

所謂解鈴還須繫鈴人，
畢竟煩惱在自己心中，不在別人心上。
四弘誓願：「自性眾生誓願度，自性煩
惱誓願斷，自性法門誓願學，自性佛道
誓願成。」
將自己內心的煩惱，轉化成菩提智慧，
才是真正的自在解脫。

069

只要你願意為大眾寫下「歷史」的篇章，
別人自然願意為你留下「歷史」的軌跡。

《佛光菜根譚 · 勵志敦品警惕》

每個人有每個人的生命過程，
也就是生命的軌跡。
個人與大眾團體是密不可，
大眾成就我，我成就大眾，彼此一體。
眾中有我、我在眾中，
才能和諧，產生團隊力量，
一起共同寫歷史。

人要具備哪些應變能力？
一、憂患處理的能力，二、艱忍突困的能力，
三、緊急措施的能力，四、臨場調度的能力，
五、化繁就簡的能力，六、急難救援的能力。

《人間萬事・應變能力》

世間變化多端，一瞬間，
就改變了所有一切，
因此應變能力顯得重要。
這也是要成就世間智慧很重要的一環。
不管是出世間的涅槃智，
或是世間的法住智，兩者都要具備，
才是圓滿的大覺。

有人問布袋和尚：「如何降伏妄心？」

布袋和尚說：「心是何物，徒勞調伏，妄本無根，放下無跡。」

《布袋和尚傳》

心跟我們息息相關，

我們常說，要調心、要修心，

這是修行的一個必經的過程。

走過這個階段後，

會發現心是多方的緣所匯集，

沒有堅固的實體，

所以講「覓心了不可得」。

知心如幻，無依無根，

才是隨緣的自在人。

吾人想要獲得自在的人生，就要懂得「人我互調」、「以人為我」，如此很多事情就能心平氣和，自然就會有自在的人生。

《迷悟之間・自在人生》

在人與人的團體裡面可以自在嗎？

人我互調，為他人多想想，

站在對方的立場，想他的處境，

就可以多了解他人。

發現人我之間有共同的處境，

就可以溝通互動，

自然沒有爭端，就會身心自在。

守分安貧，何等清閒？
不爭人我，何等自在？

《佛光菜根譚 · 生活勤奮人和》

修行人要與道相契合，
內無所得，外無所求。
常念知足，不外求而息心，
安貧守道，不妄情而達真。
能夠如此，自然不爭人我，
自在而清閒。

念佛是最容易的修行方法。藉由念佛，可以讓我
們集中意志、統一精神，用正念對治妄念，把妄
心息下來。念佛的功德有四：
一、諸佛守護，二、常遇善友，
三、福慧圓滿，四、命終歡喜。

《星雲法語・念佛四利》

百丈叢林二十則之一
「修行以念佛為穩當」。
念佛，要念佛的十號功德，來提升自己。
念佛不是念給佛聽，
因為阿彌陀佛早已成佛，
是要念給自己聽，
從佛號當中，成就信願行。
將修行融入佛號裡，念到信心具足，
淨化身心，成就心中的淨土，
才能看到極樂世界。

075

聖人也會給人批評，知錯必改就好。

《人生卜事》

佛陀曾經被毀謗，
何況一般人被他人批評？
自我反省，是不是有缺失。
有錯就改；若沒有，
「一切法無我，得成於忍」，
不必生氣，不必煩惱，自然身心自在。

076

心甘情願，要能不忘初心，凡事要自己負責。

《人生卜事》

心甘情願，是心裡完全願意，
完全沒有一點勉強，而且很樂意去做。
修行做事，要心甘情願，不忘初心。
如此，才有力量，才會歡喜自在，
產生好的成果。

077

偶然一語不相投，努目揮拳汗欲流。
若悟形骸同逆旅，胸中人我一時休。

《慈受深和尚廣錄》卷二

生活當中，偶爾一念之差，
一句話不稱心，就會計較對立。
「怒從心上起，惡向膽邊生。」
苦痛自害，無利他人。
若能體悟人生如過客，
色身就像暫居旅館，
無一點可眷戀，
就可以放下人我對立，自在歡喜。

078

把人做好，是一生的學問。
以下是做人的四個妙訣：
你對我錯，你大我小，
你有我無，你樂我苦。

《人間萬事 · 做人的妙訣》

妙訣，就是妙法。有了妙法，
就可以扭轉乾坤，改變世界。
生活裡，我們常常以「我」為中心；
有「我」，就有我執、我愛、我貪，
並產生種種煩惱。
若能將「我」放下，改心轉念，
自己自在，別人也歡喜。

羅伯特巴喬，是著名義大利足球運動員，同時也是世界球壇中的傳奇巨星之一。1993 年獲選為歐洲足球先生全球獎，以及世界足球先生第一名。他在歐洲開辦最大的佛教中心，每天誦經，三十三年未曾間斷。他在接受義大利媒體採訪時表示：「信仰佛法，是我一生中最重要的事。很多人都會在大千世界中尋找人生的意義，而佛法的本意就是幫助人們尋找這個意義的所在。」

佛法給了他無比的信心，
讓他產生力量，
這就是佛法生活化的落實。
佛法的信仰與生活，
並沒有分開，而是一體。

080

懂得享有，比擁有更幸福。

《人生卜事》

一般人都想要擁有，不想失去；

但也因為擁有，所要付出的相對就很多，

無形中產生負擔。

享有，是人生的學問。

萬般帶不去，自己一生所努力的結果，

不可能隨你而走，倒不如放下負擔罣礙，

做一個享有的快樂人。

081

門窗是家庭對外的通道，心靈的門窗則是自心和宇宙交會的要點。我們應該打開心靈的門窗，讓「戒定慧」進來；讓「貪瞋癡」出去。

《迷悟之間・心靈的門窗》

我們的六根一直接觸外六塵，而產生貪瞋癡種種的煩惱，所以六根是我們對外的門窗。且讓佛法入心，煩惱去除，就是心靈門窗的智慧。

082

泉隱甘無竭，人閑道清高，
涓涓清自足，休苦作波濤。

《慈受深和尚廣錄》卷二

菩提自性，本來清淨，
沒有生滅，沒有來去，
自心無惱，自然道風清高，
如同涓涓的泉水，清涼無有窮盡。
所以，莫自苦惱，休將自心清淨的泉水，
化作苦海無邊的洶湧波濤。

無為之德，看起來像是不著力、不介意，但是這種無所為而為的處世藝術，有時候卻很管用！比如優秀的人不逞強、善戰的人不受誘、常勝的人不自誇、能巧的人不相較。

《星雲法語・無為之德》

無為，是無上的智慧，相應於無我。

比如：有財富而不貪愛，

有煩惱而不憂心，有生死而不執著，

有權勢而不欺人，有才華而不驕慢。

因此，無為之德，自然功德無量。

084

參禪要找回自心，不論參修時間長短，總有一天
會悟道。

《如是說 · 在禪堂找回自心》

我們都喜歡禪，很多人也參禪，
認為有了禪，就很自在；
認為有了禪，就很快樂；
往往認為有心可得。
當禪師跟你說「覓心了不可得」時，
你能肯定嗎？

學道先須要省緣，莫教到彼世情牽，
牽來牽去無休日，直到閻羅老子前。

《慈受深和尚廣錄》卷二

世間生死流轉，無有盡頭，
沒完沒了，苦海無邊。
煩惱的緣、貪瞋的緣，
相續不斷，也是苦痛無盡。
我們常講「放下萬緣」，
煩惱世間的緣不再相續，
才有平息自在的一天。

086

學道先須要省緣，浮生傀儡暗抽牽，
機關用盡成何事，贏得三塗鬼火煎。

《慈受深和尚廣錄》卷二

在世間，
我們會體悟到很多事情做不了主，
好像傀儡般，處處被牽動，一點辦法也沒有。
也容易在世間計算他人，以為自己聰明，
到頭來反而是三惡道的種子。

087

若能受用佛法，才能解決事情；
若能依止佛法，才能自在生活。

《佛光菜根譚・教育教理教用》

佛陀所證悟的真理，
是我們的法身慧命，
是我們身心的依靠處。
心念想法中，皆以佛法為出發點，
所以講「自依止，法依止，莫異依止」。
自皈依佛、自皈依法、自皈依僧，
與佛學習，與佛平等，
自然身心自在，
歡喜無有窮盡。

088

為學要通識，人際要通情；
個性要通達，求道要通理。

《佛光菜根譚 · 勵志敦品警惕》

人因為閉塞，顯得有所窮困，
該成就的不能成就，
該光顯的不能光顯，
不能成於事，不能知其理
智慧不開，經常煩惱。
因此，通達顯得重要，
通於情，知於理，達於事，
處處無礙、處處自在。

089

文章妙天下，氣宇吞滄溟，
此身若一失，六趣且飄零。

《慈受深和尚廣錄》卷二

世間不管文章多會寫，
志氣多廣大，能力有多強，
只要一失人身，
一樣三界六道苦海中沉淪。
唯有向道息貪，趣向解脫，
才是菩提正覺。

佛教徒應該要用佛法、用道理，來填補眾生心靈
上的空虛，來淨化他的煩惱，讓每一個人活得很
自在快樂幸福。

《如是說 ・ 清貧空無的快樂》

法身慧命，
講的就是以佛法為我們的身命。
以佛法為心，用佛法來生活，
自己自在快樂，也讓別人自在快樂，
這就是菩薩的發心。

肆

091

真誠勤勉，用以任事；
慈悲發心，用以行善；
平和無私，用以做人；
超越名利，用以處事。

《佛光菜根譚 · 教育教理教用》

在生活中，做人處事，
還是離不開佛法。
真誠真心、慈悲助人、
平和平等、超越悟出，
無不都在佛法之中。

092

人生應該找到自己的什麼呢？

找到了自己的缺點，找到了自己的問題，找到了
自己的興趣，找到了自己的目標，找到了自己的
良師，找到了自己的益友，找到了自己的因緣，
找到了自己的真心。

《人間萬事·找到了》

「找到了」的背後，
就是我們的般若智慧，
就是我們的光明心燈。
有了智慧心燈，
所以看到了、找到了。
點亮智慧的心燈，光亮世間，
便能照見一切。

093

正信的宗教，必定能夠幫助眾生解脫生死苦惱，淨化人格。選擇信仰時注意以下四點：

一、不亂信而真。

二、不邪信而正。

三、不壞信而善。

四、不退信而進。

《星雲法語・信仰四不》

「信仰」是我們心中的力量，也就是我們的生命。

正信、正見的信仰，可以讓我們增進智慧，離苦得樂，身心自在。

所以，面對正信，要能不退轉、不忘初心，身心才有依靠。

094

世間事苦樂都是當然的，要能看破放下。

《人生卜事》

世間有苦有樂、
有得有失、有增有減、
有來有去、有生有滅，
能夠將一切對立的二邊一時放下，
才能有大自在、大法喜。

095

元代臨濟宗愚菴智及禪師，有以下的詩偈：
一念普觀無量劫，饑來喫飯困來眠。
堂堂大道無今古，佛法何曾不現前。

《愚菴和尚語錄》卷七

禪，在吃飯、睡覺間，
不執著過去，不擔心未來，
沒有時空，亦無古今之束縛，
自在的心就在眼前當下。
佛法處處在，但看己心相應與否。

「給」，是世界上最美好的事，給人一句好話，給人一個微笑，給人一份心意，給人一點服務；善的「給」予，美化了人生，淨化了社會，「給」能維繫彼此間的和諧。

《迷悟之間‧給的價值》

「給」，讓別人歡喜，消除他人的煩惱，是慈悲的表現。

給予大眾，放下自己，是無我的智慧，是自利利他，是菩薩行，也是佛陀走過的修行路。

097

因緣能成就一切，要給人一些因緣。

《人生卜事》

每個人都想有好的結果，就要有好因緣。

好因好緣，能成就快樂的果實。

因此，要給人一些因緣，令他人歡喜；

給自己一些因緣，做自己的貴人，

也就是自己幫助自己。

098

對好事不要有太多的疑慮，要勇敢、積極去做，
要熱心助人，給人因緣。

《如是說 · 看無相之實相》

做好事，要做得熟悉、熟練，
就會有信心力量，否則人家一講話，
好事沒了，福報也沒了，
智慧也沒有了，實在可惜。
所以，做好事要積極熱心，
如同修行一樣。

培養成功的條件，應在做人處事中累積實力，做事勤勞、工作負責，待人有禮不傲慢，能融入大眾。

《如是說 · 成功是散發正向的影響力》

水滴雖微，漸盈大器；
水滴柔軟，可以穿石。
成功是慢慢累積，每天有每天的進步，
自然水到渠成。
修行也一樣，因緣智慧成就了，
自然無煩無惱。

100

但得心閒到處閒，莫拘城市與溪山。
是非名利渾如夢，正眼觀時一瞬間。

《法演禪師語錄》卷下

心念感受，是我們的世界。
心中無煩惱，處處無煩惱，東西南北都好。
知名利富貴如幻，什麼也帶不走；
知不可得、留不住而放下。
眼前的一切也是如此，
瞬息而過，沒有痕跡。

情緒化是一種負面的情感。因此，要用感恩、知足、慚愧、反省、樂觀、明理、感動、發心等對治之。

《迷悟之間‧情緒管理》

當不如意時，
你會用情緒處理？
還是用智慧來面對？
用情緒處理，必是負面結果，
問題不但沒有解決，
而且還會衍生更多煩惱。
用智慧面對，才有好結局，
自己歡喜，他人也自在。

憂則天地皆窄，怨則到處為仇，
哀則自己束縛，怒則冤家當頭。

《佛光菜根譚 · 貪瞋感情是非》

《維摩詰經 · 佛國品》載，

佛陀對寶積言：「若菩薩欲得淨土，

當淨其心；隨其心淨，則佛土淨。」

可見心就是我們的世界，

心歡喜，世界就是快樂的國土；

心煩惱，世界就是痛苦的世間。

所以，當淨其心，當護其心，當修其心。

103

光陰倏忽暫須臾，浮世那能得久居？

《雪峰義存禪師語錄》卷下

以久遠累劫的時間而言，
人的一生非常短暫，
如同聲響，一閃即過；
如同雷電，瞬間消失。
是日已過，命亦隨減。
在生命的虛幻中，
我們可以覺悟什麼？
雖然剎那短暫，也是永恆真理的展現。

我們的心，一念三千，一念具足三千法界；一念之間，天堂地獄，六道輪迴。是佛是魔，全在「一念之間」。

《迷悟之間‧一念之間》

一念之間，選好選壞，
是自己的智慧選擇。
用情緒決定，結果是不好的；
用貪瞋煩惱來選擇，結果是痛苦的；
用智慧、慈悲、包容、平等來抉擇，
才會有快樂歡喜。

105

過去舍衛城外，有一位虔誠信仰的優婆夷，具足五戒的戒行。佛陀到她家托缽乞食，優婆夷將飯放在佛陀的缽中，並對佛陀禮拜。佛陀說：「種一生十，種十生百，種百生千，如是生萬生億，得見諦道。」

《舊雜譬喻經》卷上

可見布施的福德因緣，
無量無邊不可思議，
不只福報具足，
還可以成就智慧，證得解脫。
所以，布施也就是給。
在給的當下，我們成就福德因緣，
成就般若智慧。

學習生出巧妙，服務生出慈悲，
相處生出尊重，結緣生出歡喜。

《佛光菜根譚・生活勤奮人和》

我們常說發心，
就是我們內心能夠生出菩提心。
菩提心，在學佛過程相當重要。
若無菩提心作為修行基礎，
雖然一直在修行，終無所獲，
如同一個人辛勤耕田，但是沒有播種，
終究還是一事無成。
可見，發菩提心的重要性。
除了發菩提心，也要發慈悲心、
發布施心等等，就是從平凡中，
生出種種的功德善法。
透過諸多因緣，發起許多善果，
這是殊勝的，也是難能可貴，
應當學習，應當成就。

「不逆人意」就是對人的尊重包容。

「不逆人意」是應世的慈悲、是處眾的智慧、是圓融人際的善巧、是廣結善緣的方便。

《迷悟之間・不逆人意》

〈普賢行願品〉：「以大悲心隨眾生故，則能成就供養如來。」

大悲心隨眾生，
是尊重不逆的修行，
是不生瞋心分別的修行，
是善巧方便的修行，
是供養眾生與如來的修行，
是處眾智慧的修行。

108

在人世間，人和人之間要結緣、要待人好，能緣
結十方，就能解決許多根本問題。

《如是說 · 靈巧能開悟》

橫遍十方，豎窮三際，
才能使人與人之間無有障礙，
這當中的微妙之處，就是廣結善緣。
因緣不可思議，可善用於世間，
也能體悟在出世間的智慧。

109

人生最大的悲哀，就是自己對前途沒有希望；有
希望才有未來。

當生命的光熱散發出來，在照亮別人的同時，必
也點亮自己的心燈。

《迷悟之間・活出希望》

《莊子》說：「哀莫大於心死。」
說明人生最大的悲哀，莫過於心情沮喪，
意志消沉，失去希望，
如同死灰一般，沒有未來。
所以，看見希望、看到目標很重要。
修行是我們的方向，道業是我們的希望，
不僅點亮自己，也能照亮他人。

110

人和人對立，彼此猜疑、不信任，會造成很多的誤會；彼此不要對立，就能互相信賴、結緣。

《如是說 · 靈巧能開悟》

對立的本身就是煩惱，
障礙和諧，障礙溝通，
可惜不能產生原有的智慧價值。
不與人對立，就能團結合作；
不與事對立，就能知識通達；
不與理對立，就能明心見性。

111

要學習把茶杯倒空了，放下成見，才能真正學到精華。

《如是說 ・ 要空掉成見》

杯子髒了，再怎麼倒水都是枉然；

必須把杯子洗淨，倒入的水才能夠飲用。

心也是一樣，把成見放下，

才能用清淨心面對一切。

所以，對人不起成見，就不會對立；

對事不起成見，就能夠成就；

對理不起成見，就可以通達。

112

「念」，非常重要，有善念，有惡念；善惡就好像人生的兩條路，善念走向天堂，惡念走向地獄。

《迷悟之間 · 念力增上》

佛法講「一念三千」，說明有情當下一念之中，具足三千世間之諸法性相。

因此，一念之間，對我們的影響可說非常得大。

一念善，世間光明；一念惡，世界黑暗。

所以保持心中的正念，是非常的重要。

113

要做義工，因為救苦救難就是菩薩。

《人生卜事》

菩薩，就是覺有情，
覺悟的有情眾生，
自利利他，自助助人，
是通向圓滿佛道的必經過程，
也是發菩提心的人。
人人當菩薩，做佛教的義工，
做眾生的義工，世間煩惱就少，
大家的歡喜就會增加。

創意就像活水源頭，沒有創意的人生，死水一灘；
有創意的人，生命才能生生不息，永遠常新。

《迷悟之間 · 美好的創意》

創意如同突破格局一般，
打破自己的框框，找到新的天地，
世界當然不同。
創意也是更上一層樓，
可以看得更遠更清楚。
也如同在思惟中覺悟出解脫的智慧，
不再受內心的束縛，而自由自在。

115

一個人不管做任何事 ，只要全始全終，小事也
能做成大事。

《如是說 ‧ 在人海漂泊，在佛法靠岸》

精誠所至，金石為開。
只要有恆心、有耐心、不放棄，
小事情也會做得轟轟烈烈。
修行辦道，道理相同，專心用功，
再堅硬的煩惱也會破除。

無常，讓人會珍惜生命；

無常，讓人會珍惜擁有；

無常，讓人會珍惜因緣；

無常，讓人會珍惜關係。

《迷悟之間 · 無常的可貴》

三法印之一諸行無常，

「諸行」是指一切所有；

所以我們可以說一切無常。

一切無常也相應於《金剛經》

所說：「一切有為法，如夢幻泡影，

如露亦如電，應作如是觀。」

佛陀說：「無常是正觀」，

是我們對世間要有的正確觀點。

「無常」不但提醒我們，

也能從中體驗空性，了解無我，

讓我們得解脫。

117

人的心要如何回家、找到歸宿？「尋佛」不是很重要，重要的是，我們要把自己雕塑成一尊佛，帶給世間歡喜，帶給別人快樂幸福。

《如是說 · 在人海漂泊，在佛法靠岸》

心的歸宿，就是找到真實的依靠。

佛法講三皈依，

更而「皈依自性佛」，

自性自度，肯定自己是佛，

不由他尋，迷途返家，

以自性成就自己的天真佛。

118

心量放開一點、放寬一點，
心有多大，世界就有多大。

《如是說 · 幸福要向前走》

心量放開，自己自在，別人也自在；
心量放寬，自己輕鬆，別人也輕鬆，
這就是心的微妙處。
能自利，也能利他；
能自覺，也能覺他，
自然世界愈來愈大，
法界寬廣，成佛當然是水到渠成。

119

水在釜中，非火不能熱也；
種在土中，非春不能生也；
愚在心中，非學不能破也。

《紫柏老人集》卷九

愚癡，又叫無明，即是闇愚迷惑，
對事物不能有適當的判斷，
為六種根本煩惱之一，也是三毒之一。
從學習因緣智慧中，
慢慢去破除我們無始來的無明煩惱，
才不會隨業流轉，苦海無邊。

一個人的力量是單薄的，應該多多廣結善緣，因緣愈多，成就愈大。有時一句好話、一件善事、一個微笑，都能給我們的人生廣結善緣。

《迷悟之間‧結緣的重要》

佛陀說法，以因緣法為主。

世間有世間的善因善緣，

出世間也有出世間的解脫因緣，

我們要跟世間結好緣，

也要跟出世間結好緣。

這樣才能修福修慧，

愈來愈圓滿，愈來愈自在。

伍

121

佛告舍利弗：「汝等當一心信解，受持佛語。諸佛如來言無虛妄，無有餘乘，唯一佛乘。」

《法華經卷一・方便品》

一佛乘，是讓眾生趨向佛道的教法，也稱一乘教、一乘法。

「十方佛土中，唯有一乘法。」

「但以一佛乘故，為眾生說法。」

直接趨向佛的圓滿境界，

不必再分二乘、三乘，

可說目標明顯，從一而終。

因此，力量具足，

成就無上正等正覺，是為大圓滿覺。

苦難是一種養分，是一份豐富自我的禮物；我們要把苦難當成老師，從中學習，涵養自我的能力。

《如是說 ‧ 人生賺的是快樂》

在四聖諦裡面，第一個講「苦聖諦」。

苦，有逼迫身心，令其苦惱之狀態。

對於苦的種種，我們應知乃至已知，才能知其造成苦的因緣為何，進而去除苦因。

因滅除苦的因素，而解脫自在，也就是在苦中學習，成就離苦得樂的智慧。

123

向前、奮鬥必定有力量；如果怕苦、怕勞動，要
想成功，是很困難的。

《如是說・真才實學最重要》

世間的因果清楚明白，
精進努力，不怕勞苦，
才有上進成就的條件。

佛陀無量劫來，以精進波羅蜜，
成就種種不可思議功德，而讚歎精進的法門。

「沒有天生的釋迦，也沒有自然的彌勒。」

怕苦的人，會愈來愈苦，只能等著受難。

唯有努力向上，不怕苦、不怕難的人，
未來才有希望可言。

124

擁有健康的身體，更要有正確的觀念；
具備充實的學問，更要有善美的心靈。

《佛光菜根譚 · 生活勤奮人和》

正確的觀念、正確的方法，
可以使健康的身體永保康泰。
善美的心靈、善良的心念，更能肯定實踐，
落實充實的學問。

125

美的心靈，是吾人最珍貴的資產；當你的心中有
了美的感動，生活中，自然無處不真，無處不善，
無處不美！

《迷悟之間 · 生活的美學》

真善美是心中的珍寶，有了真善美，
世間就顯得光明燦爛。
心中有真、有善、有美，自然
煩惱不生，定是一切自在吉祥，
東西南北都好。

126

樹高萬丈不離根，花開千朵不離心，
聳雲高樓不離地，萬乘之尊不離民。

《佛光菜根譚・自然因果法則》

菩薩的道場，在眾生身上，
沒有眾生，菩薩也成不了佛。
菩薩的根在眾生，所以菩薩不離眾生，
才能成就慈悲與智慧。

127

若見華開，當願眾生，
神通等法，如華開敷。

《華嚴經卷十四·淨行品》

平常的草木並不顯眼，
若開花時，萬紫千紅，花香四溢，
美化了平日的光景。
人也是如此，看似平凡，
如果慈悲、智慧開發了，
世界大大不同，法喜安樂充滿世間。

佛告舍利弗：「未來諸佛當出於世，亦以無量無數方便，種種因緣、譬喻言辭，而為眾生演說諸法，是法皆為一佛乘故。是諸眾生從佛聞法，究竟皆得一切種智。」

《法華經卷一・方便品》

「諸有智者，以譬喻得解。」

成佛以前，總是要透過很多的譬喻、方便、善巧，令眾生得度。

方便，如同橋梁、如同船筏一樣，很快地讓我們渡到彼岸，圓滿佛乘，成就如來一切種智。

佛平等說，如一味雨；隨眾生性，所受不同，
如彼草木，所稟各異。佛以此喻，方便開示，
種種言辭，演說一法，於佛智慧，如海一渧。
我雨法雨，充滿世間，一味之法，隨力修行。

《法華經卷三‧藥草喻品》

佛的說法，等同一味，
究竟圓滿，解脫自在。
眾生根器，大小不一，
如同雨下，各得其潤。
所謂隨力修行，各自努力，
精進辦道，自能成長。

「隨緣」是指隨順當前的環境，但絕非隨便行事，苟且偷安；做人要有「隨緣」的性格，要秉持「不變」的操守，能夠「隨緣不變，不變隨緣」，這是自利利他的良方。

《迷悟之間‧隨緣的性格》

「隨緣」是一門學問，
有「不變」的中心原則，
才講「隨緣不變，不變隨緣」，
如此才能隨緣自在，不會有人事的煩惱。
能夠把握這個原則，不離主題，
就不會隨便處事，而迷失了方向。

所謂歡喜，要能與人共享共有；

所謂歡喜，要能不妒人有。

能夠享有無私無我的歡喜，才是有價值的歡喜。

《迷悟之間‧無憂無喜》

先要把自私的我放下，才有歡喜可言。

每個人都想要歡喜，但歡喜之前，

是多麼歡喜的一件事情。

初地菩薩為歡喜地，表示從凡入聖，

我們稱法喜充滿。

佛法的體驗愈多，愈是法喜，

而達到大眾歡喜的境界。

有慈悲心的人，會給人歡喜，

132

最好的生涯規劃是把自己規劃成：自覺的人生、
自度的人生、利他的人生；在生活中，要有淨化
的感情，要有善用的金錢，要有德化的處世。讓
自己的生命活得有意義、活得有價值。

《迷悟之間‧生涯規劃》

生涯規劃，
如同生命的規劃、一生的規劃，
可說非常重要。
修行也要有規劃，預立方向，勇往直前，
如六度四攝、信解行證、戒定慧、
聞思修、三好四給、慈悲喜捨，
這些都是我們修行規劃的一個方向。

133

識見不高，易生事端；
德望不足，易生怒氣；
誠信不夠，易生流言；
道理不明，易生詭辯。

《佛光菜根譚‧自然因果法則》

有智慧，就不生煩惱；
有慈悲，就沒有障礙；
有平等，就沒有計較。
要不斷提升自己，讓自己進步，
才可以愈來愈自在，愈來愈解脫。

我們要把時間，用在未來的前途目標上，勇敢地
走出去，將來必定能夠成功。

《如是說 ‧ 真才實學最重要》

有精進向上的理念，就會善用時間，
不會浪費光陰，看清方向，預約未來，
一步一腳印，築夢踏實才有前途希望。

爾時，佛告大樂說菩薩：「此寶塔中有如來全身，乃往過去東方無量千萬億阿僧祇世界，國名寶淨，彼中有佛，號曰多寶。其佛行菩薩道時，作大誓願：『若我成佛，滅度之後，於十方國土，有說《法華經》處，我之塔廟為聽是經故，踊現其前，為作證明，讚言善哉！』」

《法華經卷四‧見寶塔品》

有願必成，說明願力的殊勝可貴。

很多諸佛在行菩薩道時，

都發其大願，以此願力，成就菩提。

因此，試想我們的心中是否

有其願心、願力？

136

道德，是人類社會應有的修養。有道德的生活，
社會才能和諧、家庭才能安樂、朋友才能守信、
人我才能互助。

《迷悟之間‧道德的生活》

道德，是人與人之間的依歸，
也是修行的基礎，
如五戒十善、四攝六度、三好四給。
基礎穩固了，才有向上提升的力量，
從而發菩提心，成就無上正等正覺。

137

佛告訴文殊師利：「云何名菩薩摩訶薩行處？若菩薩摩訶薩住忍辱地，柔和善順而不卒暴，心亦不驚，又復於法無所行，而觀諸法如實相，亦不行不分別，是名菩薩摩訶薩行處。」

《法華經》卷五

安樂行就是菩薩行。

菩薩在修行上，要安住在忍辱，內心不動不亂，而柔和隨順。

因如實看見世間道理，而不起多加的分別所行，所以能夠平等看待世間。

這是菩薩應該要做，也是我們要學習的。

138

「我娑婆世界自有六萬恒河沙等菩薩摩訶薩，一一菩薩各有六萬恒河沙眷屬，是諸人等，能於我滅後，護持、讀誦、廣說此經。」佛說是時，娑婆世界三千大千國土地皆震裂，而於其中，有無量千萬億菩薩摩訶薩同時踊出。

《法華經卷五・從地踊出品》

因為在《法華經》敘說，八恒河沙數他方國土的菩薩向佛陀發願，要在娑婆世界護持此經。佛陀感謝，並說不需要。為什麼呢？他們曾經為世尊的弟子，於世尊滅後，發願來護持《法華經》。

因果的道理，可以說非常清楚明白，且絲毫不少。如何對人，自然有其回報。多在佛法上用功，自會智慧增上、福報增上，而成就菩提道業。

139

有因緣，才能成就好事；
有因緣，才能一帆風順。
因緣具則成，因緣滅則散。

《迷悟之間・珍惜因緣》

所以，人生希望有成就，
都必須仰賴因緣。
世間的一切都是因緣而成，緣起而有，
有了地水火風的四大，才有我們的色身；
有了色受想行識五蘊和合，才有生命的現象。
肯於布施、包容，福報才會具足；
能夠無我放下，身心才會自在。
要善用因緣，給人因緣，生命才會圓滿。

觀樹之陰影而知其高大，
觀人之存心而知其德行。

《佛光菜根譚・教育教理教用》

觀照，是禪的主要修行。

從觀照中知生滅，從生滅中知無常無我，

進而放下解脫。

生活中一樣需要觀照，

看世間，知真理；

看生活，知實相。

真正修行在日常，佛道本在生活中，

所謂「世間即涅槃，涅槃即世間」。

141

笑，是生命活力的催化劑。
笑，是人際關係的潤滑劑。

《迷悟之間 1．微笑的力量》

時常以笑臉迎人的人，必是有人緣的人。

微笑，是人與人之間的橋梁，
也是無上的供養。

微笑會讓我們變得開心輕鬆，
減少我們許多壓力。

微笑也是一種修為，

在〈十修歌〉裡說到「見人要微笑」。

微笑，可以廣結人緣，
更可以展現心中的慈悲與信心。

142

凡事皆有利弊，只要懂得權衡之道，
往大處著眼，枯石朽木也能入藥；
凡人皆有長短，只要懂得用人之道，
取彼之所長，破銅爛鐵也能成鋼。

《佛光菜根譚・教育教理教用》

天生我材必有用。
每個人都有自己的優點，
要創造自己的優勢，
把自己放到對的位置，
就能發揮自己最大的功效。

143

在《法華經》，佛陀告訴常精進菩薩，對於《法華經》，無論是受持、讀誦、解說或書寫，此人將會得到八百眼功德、千二百耳功德、八百鼻功德、千二百舌功德、八百身功德、千二百意功德。

《法華經卷六‧法師功德品》

這種種功德，
能夠莊嚴六根，使六根清淨無染。
可見，受持、讀誦、解說、書寫經典，
就是六根的修行。

144

溝通的目的，是為了取得彼此的共識，達成意見一致，而非強迫對方接受自己的意見，因此要站在對方的立場，設身處地替對方著想；能令對方歡喜接受，才是有效而成功的溝通。

《迷悟之間‧溝通的技巧》

「橫遍十方，豎窮三際」，是通達人際關係的道理，因通達而能溝通。在法上也是一樣，因通達而遍一切處，無有障礙，所謂「一即一切，一切即一」。

在人世間，人和人之間要結緣，要待人好，能緣
結十方，就能解決許多根本問題。

《如是說 ‧ 靈巧能開悟》

人際關係，就是我們實際的生活，
每天都要去面對。
所以，人與人之間要結好緣，
我們的生活才能自在快樂。
要求自己，包容別人，也是廣結善緣的方法。

常不輕菩薩經常禮拜他人，並且說：「我不敢輕
於汝等，汝等皆當作佛。」

《法華經卷六・常不輕菩薩品》

不輕慢他人，是一種修行。

能夠尊重，
就不會有種族歧視，就不會有宗教對立，
這樣才可以平等不比較，社會才能和諧。
肯定他人作佛，更是信心的表現。
他人可以成佛，自己一樣可以成佛。

即時諸天於虛空中高聲唱言：「過此無量無邊
百千萬億阿僧祇世界，有國名娑婆，是中有佛名
釋迦牟尼，今為諸菩薩摩訶薩說大乘經，名妙法
蓮華，教菩薩法，佛所護念。汝等當深心隨喜，
亦當禮拜供養釋迦牟尼佛。」

《法華經卷六·如來神力品》

佛說大乘法菩薩法，希有難得，
能令眾生直至無上正等正覺，
成就阿耨多羅三藐三菩提，
圓滿佛道而不偏離，
是故應當深心隨喜，禮拜供養。

148

自己要做自己的貴人，自己準備完善，自己健全了，不需要外面的貴人拉你一把，你自己就是自己的貴人。

《如是說 ・ 吃苦成就未來的前途》

能夠自救，自己救自己，不用麻煩別人，這種效率最快最好。

自己省力氣，他人也不煩惱，可說是最有智慧的修行。

當然，在這之前，平常就要具足正見、正念，等到需要時，用好的觀念、好的行為，來做自己的貴人，幫自己拉一把，救一救自己。

149

苦是一種力量，你能吃多少苦，就會增加多少力量。苦也是一種營養，吃苦，就好像吃了營養。

《如是說‧感恩是幸福的動力》

肯吃苦的人，就能勵志向上不斷進步。

吃苦，可以增加自己的能力，增強心中的力道；

可以轉化煩惱，成為正能量。

「吃得苦中苦，方為人上人。」

舉凡有成就的人，大都是吃苦中來。

150

佛告宿王華菩薩：「於汝意云何？一切眾生喜見菩薩，豈異人乎？今藥王菩薩是也。其所捨身布施，如是無量百千萬億那由他數。」

《法華經卷六・藥王菩薩本事品》

藥王菩薩的前身，是一切眾生喜見菩薩，
要令所有人看到你都很歡喜也不容易，
一定要發心跟大家結好緣才可以。
後來的藥王菩薩發心，捨身供養於佛，
這也非一般人可以做到。
因為他已了知色身是四大五蘊的假合體，
知有知空，才是菩薩行持的力量。

「承擔」能給人力量，也可以具足信心；人只要
肯承擔，就能有成就。人不僅要勇於承擔責任，
更要有勇氣承擔自己的錯誤。

《迷悟之間 · 責任與承擔》

有責任感與承擔力，才會讓我們成長。
養成內心有力量，可以承擔責任，
才能發揮心的價值，更上一層樓，
世界完全不同。

陸

要把朋友當成一面鏡子，「見賢思齊焉，見不賢
而內自省」。朋友之間要能「觀德莫觀失」、「善
可為法，惡可為戒」，才能發揮朋友的功能。

《迷悟之間 · 友誼的建立》

在人生的每個階段，我們都需要朋友。
朋友是生活的一部分，因此對我們很重要。
如果相處不好，會帶來很多苦惱。
朋友也能反映出行為的差異，
好的觀念要學習，
不好的行為，不要受影響，
才能在朋友之間進步增上。

是妙音菩薩，能救護娑婆世界諸眾生者，是妙音菩薩如是種種變化現身，在此娑婆國土，為諸眾生說是經典，於神通、變化、智慧無所損減。

《法華經卷七・妙音菩薩品》

妙音菩薩植眾德本，
供養親近無量百千萬億諸佛，
具足甚深智慧，成就種種三昧，而能不捨有情。
能救護娑婆世界眾生，於智慧神通，無有損減。
可見，發菩提心，不要怕因助人而失去現有，
而是因助人，成就更多。
所以，發心有其不可思議功德。

154

眾生被困厄，無量苦逼身，
觀音妙智力，能救世間苦。

《法華經卷七・觀世音菩薩普門品》

觀世音菩薩神通廣大，為度眾生，種種變化，「應以何身得度者，即現何身而為說法」，可說普門大開，廣度有情。

世間的苦，可以說很多，大大小小，觀音菩薩能救能度，能予樂拔苦的人，就是菩薩。

所以我們除了念觀音、拜觀音，更要自己做觀音。

做一個救人救苦，有力量的大力菩薩。

155

和人相處，有的人用懷疑的眼光看人；有的人用妒恨的眼光看人；有的人用藐視的眼光看人；有的人用成見的眼光看人。

《迷悟之間・慈眼視眾生》

能給人一點關注和尊重，
那就是慈眼視眾生了。
慈眉善目，慈眼視眾生，
我想這就是菩薩了。
有了慈悲，就有慈悲手、柔軟語，
讓大家看了，就生歡喜心。
因此，懷疑、妒恨，是大家不喜歡的。
去掉藐視成見，才能平等相處，
從中廣結善緣，成就福德的緣分。

156

說話，是一種技巧，也是一種藝術，更是溝通人際往來的工具。

《迷悟之間 · 說話的要領》

說話要合乎身分，恰到好處，適可而止，切勿因失言而取禍。

說話，我們每個人每天都在講。

說話確實是一門學問，

「好言一句三冬暖，惡語傷人六月寒」。

話一出口，收不回來。

說話要小心謹慎，不要一時語快，而傷了和氣。

多說好話、鼓勵的話，多說給人信心、給人希望的話。

一句話，可能改變一個人的一生。

157

雲雷音宿王華智佛告妙莊嚴王言：「如是，如是，
如汝所言。若善男子、善女人，種善根故，世世得
善知識，其善知識，能作佛事，示教利喜，令入阿
耨多羅三藐三菩提。大王！當知善知識者是大因緣，
所謂化導令得見佛，發阿耨多羅三藐三菩提心。」

《法華經卷七・妙莊嚴王本事品》

自己本身要多種善根，
才有善知識出現，來幫助你。
如果不能多種善根，自然善知識遠離，
自己陷於苦惱之中。

158

一、做人不可患得患失。
二、做事不可顧此失彼。
三、說話不可自吹自擂。
四、走路不可搖擺蛇行。

《星雲法語・行為四戒》

戒、定、慧，是三學。

學習戒定慧，能達涅槃解脫，所以稱三無漏學；可讓我們進步增上，又稱三增上學，是我們應該要學習的。

防非止惡為戒，戒是老師，戒是提醒，戒是保護。

透過戒的學習，更可以去除煩惱，進而成就定慧等持的修行，達到無我放下的自在解脫。

佛告普賢菩薩：「若善男子、善女人，成就四法，於如來滅後，當得是《法華經》：一者、為諸佛護念；二者、植眾德本；三者、入正定聚；四者、發救一切眾生之心。」

《法華經卷七・普賢菩薩勸發品》

在菩薩的「三聚淨戒」中，攝眾生戒，又叫饒益有情戒，如同發救一切眾生之心，這也是菩薩必須要做的。

菩薩的身口意，為眾生而發，為眾生而行。

眾生是菩薩的道場；

有眾生，菩薩才能成就佛道。

160

你有頭腦，凡事用頭腦想一想；你有心，凡是一切事情，用心去辨別一下。用頭腦、用心，終能讓你的學習有所成長。

《如是說‧用心自我成長》

聞、思、修，是三個成就智慧的方法。

從思惟中，可圓滿其智慧。

所以，不管對事、對理，

我們要多想一想，才不會有所疏忽。

「心」是我們的寶藏，寶藏要用，才有其價值。

善用其心，成就勝妙功德。

心可以讓我們成佛，

多用心，多行佛，才能進步提升。

161

人生的路上，大石擋路，你可能被它絆倒，你也可以把它當成眺高望遠的墊腳石。人的成功與失敗，就看你是否能將「逆境」化為「增上緣」。

《迷悟之間‧逆增上緣》

人的一生難免遇上逆境挫折，
當煩惱來時，就看我們有沒有智慧來轉念。
強風一到，風箏可以逆風而上，愈飛愈高。
挫折來時，我們也可以百折不撓，愈挫愈勇。
迷悟之間，是人生的考驗，
將逆境化為增上緣，如同轉煩惱成菩提，
便能處處輕鬆，隨時自在。

162

印度東部奧里薩邦齋浦爾縣（Jajpur）一名叫南達・普拉斯蒂（Nanda Prasty）的男子已經有一百零四歲高齡，過去七十五年來，一直在樹下教導因為經濟限制無法求學的兒童，而且風雨無阻，從未間斷。

《人間福報》

普拉斯蒂致力於教學的熱情與精神感動了人們。甚至也在夜間教導成年人，不曾跟學生收過半毛錢。

他覺得坐在樹蔭下傳遞智慧，非常地舒服、非常地自在。

所以，他真是一位人間菩薩。

憑著一顆助人的菩提心，在世間自由自在地生活著。

163

爾時，破一切魔軍智幢王菩薩，承佛神力，觀察十方，而說頌言：智身非是身，無礙難思議；設有思議者，一切無能及。

從不思議業，起此清淨身，殊特妙莊嚴，不著於三界。

《華嚴經卷六十・入法界品》

見緣起即見法，見法即見如來。

佛的法身，難以思議，

但要以智慧相應，即可見法身遍一切處。

法非思議分別而得，乃觀照覺知而見。

處處留心，處處是法，

法眼所見，法即相應。

知人很難，知事也很難，知理更為難。但最重要
的，人要知道自己，才能改進缺點，才能發揮自
己的長處。

《迷悟之間・自知之明》

知道自己、明白自己，是一種智慧，
才能安身立命，發揮所長；
才能了解他人，免生煩惱。
自知，也是心中的明白處。
禪宗講「明心見性」，
透過知心念差別乃至生滅，
而知無我、知解脫，
這一層功夫是內心的光明。
佛法講內明，是指內心要有的光明智慧；
有了內明，無明才不會生起。

165

去來現在佛，處處悉周遍，
如日出世間，為我說其道。
善知一切業，深達諸乘行，
智慧決定人，示我摩訶衍。

《華嚴經・入法界品》

過去、現在、未來諸佛，
可說遍滿法界一切處，如同日出世間，
光明照耀，為眾生說明佛法道理。
令我明了善知種種業行，
深入佛法之次第行境，開示我們菩薩行，
契入圓滿佛道之大法。
眾生無明，因果不解，何況佛法大道？
經佛陀開示演說，
才能使一般有情明瞭其大意。

166

安坐一切刹，聽聞一切法，
一一國土中，億劫修諸行。
菩薩所修行，普明法海行，
入於大願海，住佛境界地。

《華嚴經・入法界品》

安住是修行。

我們常講要安住身心，安住在工作上、

在專注中、在聽聞裡、在思惟中，

可說一切皆是安住之緣。

這樣才能入於菩提願海。

處處是道場，時時是修行，

而與佛境、心地互相輝映。

讀書能人我無間，讀書能知所進退，
讀書能明心見性，讀書能轉迷為悟。

《佛光菜根譚》

佛陀經過無量劫修行，
開悟成道，金口所言，
經典相傳，成為法寶。

「法」是通向解脫的道路，希有難得；
若不研讀，不能了解佛法的智慧。
是故，從聞思修，去貪瞋癡，起戒定慧，
出煩惱蓋，可見讀經思惟修行，
自有殊勝之處。

168

知足如點金石，可使接觸的東西變黃金——幸福；
感恩如仙女棒，可使所處的境界變淨土——快樂。

《佛光菜根譚・自然因果法則》

給自己好因緣，就可以改變自己的世界。
外無所求，內無所得，便能知足常樂。
感恩知足，身心自在，
如處極樂，眾苦不侵。

169

外道不可怕，邪道才可怕；
迷信不可怕，邪信才可怕。

《佛光菜根譚・自然因果法則》

有了八正道，才有聖者的解脫。

如果有邪知邪見，不但不能趣向解脫，
反而輪轉於生死煩惱當中。

認為有我是邪見；

二邊對立，否定因果，也是邪見。

佛法講緣起，可以破除我執，可以明白因果，

也可以看出中道般若的智慧。

人間縱有老病死生，人的壽命都有期限；若能盡一己之力，帶給人間真善美，那麼精神的生命會恆久常存。

《如是說　‧　用教育改變世界》

生命雖然短暫，但價值非凡。
有智慧的人，會光顯生命的光輝，
自利利他，做一位人間菩薩，
開顯生命的無上價值。

人生的幸福在哪裡？如果你能夠凡事朝好處想，
平日與人為善，幸福處處有。

《如是說・相由心轉》

如果你凡事都在計較，
往壞處想，與人對立，
煩惱也到處都在，就是苦海無邊。
把握住幸福的因緣，
便可以處處幸福安樂。
所以，轉念、知足、平等、布施，
與人為善，樂於助人，
自然幸福就會跟著你走。

時童子、童女告善財言：「善男子！我等證得菩薩解脫，名為幻住。得此解脫故，見一切世界皆幻住，因緣所生故。」

《華嚴經・入法界品》

我們常說緣生緣滅，從因緣可以看見生滅，從生滅知道無常幻化，世間皆因緣所成。

所以，世間生滅幻化，也是世間的實相。

我們講世間本來如此，煩惱五蘊也是一樣，因緣而起，不是本來就有，所謂「一切有為法，如夢幻泡影」，知幻即離。知煩惱亦如幻，無有實體，不起執著，身心自在。

智慧廣大如虛空，普知三世一切法，

無礙無依無所取，了諸有者之住處。

善能解了一切法，無性無生無所依，

如鳥飛空得自在，此大智者之住處。

《華嚴經‧入法界品》

具足廣大智慧的行者，深知世間畢竟生滅，

雖然有，但是變異虛幻不實。

因此，雖處世間，不著世間。

不依不著，能度一切苦厄，而身心自在。

174

「給人方便」是給人因緣，給人助力，不要讓人感到困難，進而解決人的難題。

《佛法真義・方便》

「給」就是六度的布施，也可以說是喜捨，是菩薩道中重要的修行項目之一。

「給」可以增加人緣、福德、智慧，不但給人因緣，也是給自己的因緣。

佛教的行者，不要把「悟」看成很困難的事情，開悟不是難事，有修有德，有修有證，開悟不為難也。

《佛法真義 · 悟》

佛法講因緣，因緣具足則一切可成。

每天有每天的修行，每天有每天的進步，

所以很自然地就會趨向解脫乃至悟道。

假以時日，瓜熟蒂落，自然水到渠成。

176

「給人方便」看似利他，實則利己；「給人方便」
是一種很好的美德，身處世間，人人都應該要能
廣行「方便」才好。

《佛法真義・方便》

「給」是布施，增加福德；
「給」是行捨，光顯智慧。
福慧雙增，在修行上是必要的，
慢慢地趨向正覺，所謂一步一腳印。

心之大，包容虛空。世界上最快、最能、最大的東西，就是心。「心」之用，略說如下：
一、心平氣和則明理；二、心開意解則慧生；
三、心正行端則人敬；四、心發願成則果圓。
五、心安道隆則功成；六、心體法用則和諧。

《人間萬事・心》

四祖道信禪師有言：「百千法門，
同歸方寸；河沙妙德，總在心源。」
心的世界無量無邊，
就看我們心中的觀念想法，
有慈悲智慧，則歡喜無盡；
有貪瞋邪見，則苦海無邊。

178

爾時，次有佛名世自在王如來，時有國王，聞佛
說法，心懷悅豫，尋發無上正真道意，棄國捐王，
行作沙門，號曰法藏。

《佛說無量壽經》卷上

這是阿彌陀佛在因地的發願修行，
並成就極樂佛國，廣度有情，悉令成就。
我們除了念佛之外，
更要學習法藏比丘的菩提願心，
才能與諸佛菩薩道心相應，
成就自心與他受用的淨土。

179

學佛就是要學出歡喜心。能帶給別人歡喜，自己也會獲得無比的歡喜，所以做人要捨得布施一句好話給人歡喜、布施一點善緣給人歡喜。

《佛法真義 · 佛光四句偈》

有人學佛，學得苦苦惱惱，
自己不歡喜，別人看了也不歡喜。
對佛法能生起歡喜心，
才能有更大的力量往前邁進。
歡喜心也是喜捨，就是對空的體驗。
知空才能心樂解脫，
如同大師所說「以空為樂」。

180

諸佛如來是法界身，入一切眾生心想中；是故汝等心想佛時，是心即是三十二相、八十隨形好。是心作佛，是心是佛，諸佛正遍知海，從心想生。

《觀無量壽經》

三十二相、八十種隨形好，
是佛的相好圓滿，也是度眾的方便。
當我們觀想佛時，
很自然會生起尊敬恭敬學習的心，
進而解行並重，如佛所行，
趣向佛的境界，慢慢與佛平等。
此時，是心作佛，是心是佛，
心佛無有差別。

菩提心者，猶如種子，能生一切諸佛法故；
菩提心者，猶如良田，能長眾生白淨法故；
菩提心者，猶如大地，能持一切諸世間故；
菩提心者，猶如淨水，能洗一切煩惱垢故；
菩提心者，猶如大風，普於世間無所礙故；
菩提心者，猶如盛火，能燒一切諸見薪故。

《華嚴經‧入法界品》

菩提心就是成佛的種子，
菩提是因，成佛為果。
大心未發，就見不到成就。
因此，發心自利利他、自覺覺他、
自度度他、自助助人極為重要。

柒

182

所謂「佛在心中」，要去除貪瞋癡，佛才會住在我們的心中。

《如是說‧學戒要以戒為師》

去除貪瞋癡，才有所謂的涅槃、自在、解脫；

去除貪瞋癡，才有禪的風光、法喜、法樂；

否則涅槃又在哪裡呢？

禪也不知道在什麼地方？

因此，要勤修戒定慧，息滅貪瞋癡。

這是在修行上很重要的一個方向。

183

人與人之間，最寶貴的，是要互相體諒、互相信任、互相了解、互相包容，這才是最可貴的情誼。

《迷悟之間 · 相互體諒》

人與人是生命共同體，互為彼此的因緣。

因此，相互體諒、互相包容顯得重要。

我體諒你，你包容我，

這樣僧團才能和諧，

社會才有安樂可言。

184

滿腹經綸，不如一善在心；
高談闊論，不如一言九鼎。

《佛光菜根譚．教化修行責任》

知書達理，貴在實踐。
把書讀好，也要把人做好。
解行並重、知行合一，是修行的重點。
說得一尺，不如行一寸。
一言九鼎，才能契入行佛的重心。

185

「忍」是一種擔當，忍之為德，在於負重；
「退」是一種涵養，退之為德，在於和眾。

《佛光菜根譚 · 教化修行責任》

忍辱為六度之一，是必要的修行。
「一切法無我，得成於忍。」退是謙讓，
「退步原來是向前」，
也因為無我，成就退讓的涵養。

186

一、鐘鼓不空則啞；二、溝渠不通則塞；

三、耳朵不空則聾；四、鼻孔不空則窒；

五、口腔不空則閉；六、腸胃不空則病；

七、道理不空則滯；八、內心不空則暗。

《人間萬事‧「空」的真理》

佛法的道理，離不開緣起性空、生滅變異、本無今有、本有今無，這些都是空的體現。

有了空，不會執著於有，不會執著於常。知道有，不會執著於空，不會執著於斷滅。兩者相依相靠，便能見到實相中道義，所謂遍一切處無所不在的「緣起性空」實相道理。

187

一個人心量有多大，事業就有多大；
一個人心能容多少，成就就有多少。

《佛光菜根譚‧勵志修行證悟》

心包太虛，量周沙界，
虛空非大，心量最大。
心含十法界，一念具三千。
雖然如此，也因為煩惱障礙，
讓我們的心量變小，
小到容不下一句話、容不下一個眼神，
是故要開展心之本來大人大量，
包容一切，才能成就所有。

188

佛心老闆！店前封路施工，他開店讓工人休息用餐，嘉義市魔亮洗車美容工坊，日前店家的大門前封路施工汙水下水道工程，一週都無法營業，老闆柯吉芫非但不生氣，反而每天敞開大門讓工人有地方休息、吃飯，讓工人直呼：「佛心老闆」。老闆說，他也曾是「做工的人」深知工人們的辛苦，大家將心比心。

《人間福報》

能夠給人方便，就是菩薩。
利益大眾，
雖然不能營生，
但也得利他的法財，
贏得可貴的人心，
廣結未來的善緣。

189

互相退讓，方有互相合作之期；
彼此爭功，永無彼此融和之望。

《佛光菜根譚‧貪瞋感情是非》

每個人都有自己的想法，
當然別人也有他的想法，
所以有不如意的時候，
互相退讓，為別人也多想一點，
大家才有可談的空間；
有了空間，也才能繼續溝通合作，
而達到和諧圓滿的境界，
彼此才能夠自在。

無心就是禪心，唯有用禪心，才知道佛陀真正在
哪裡。

《星雲禪話・佛在何處》

慧可大師言「覓心了不可得」，

心為心念相續的組合，

生生滅滅，無有實體。

能夠了知生滅，則萬象皆同，本來如是。

所以，知幻能離煩惱。

煩惱不生，自在法喜，才名為佛。

191

會「聞」，於道才能接受；

會「思」，於道才能受用；

會「修」，於道才能奉行。

《佛光菜根譚‧教育教理教用》

聞思修是為三慧，在修行過程中，
是非常重要的歷程，缺一不可。
有了聞思修，
才能達到對真理實相的體證。
所謂「我生已盡，梵行已立，所作已作，
自知不受後有」。

192

煩惱即菩提，因為有了煩惱，才會懂得尋求解脫之道，找出煩惱生起的原因。

一、煩惱起於執著；二、煩惱緣於無明；

三、煩惱由於看不開；四、煩惱出於太自私。

《人間萬事‧煩惱的原因》

四聖諦一開始就說，世間有苦的現象，也就是煩惱。煩惱是大家不喜歡的，為了要去除苦，就須找出原因；找到原因，還要知道去苦的方法，令苦不再生起。如此，才有解脫自在法喜，也就是涅槃。

跋涉三天登玉山掃廁所，有一群發心的義工走了
三天的路程，登上海拔三千公尺的玉山上，為的
是要維護高山環境，防止水源汙染，幾乎每個月
爬上玉山兩到三次。

《人間福報》

誰會為了維護高山環境，
登上海拔三千公尺的高山呢？
發心的義工做到了。
為了提供好的環境給登山客，
他們不辭辛苦，為了大眾，
義工們欣然為之。
修行也如此，只要肯發心修行，
就有大力量；為了眾生能離苦得樂，
就能不退轉。

194

佛身充滿於法界，善現一切眾生前；
隨緣赴感靡不周，而恒處此菩提座。

《華嚴經卷六 · 如來現相品》

《六祖壇經》說：「慈悲即是觀音，喜捨
名為勢至，能淨即釋迦，平直即彌陀。」
慈悲、喜捨、能淨、平直，是佛的法身。
將此佛法用在眾生身上，善現眾生眼前，
即是自利利他的菩薩行，
即是隨緣赴感的相應行。

心既具足清淨本性，又充滿無明煩惱。如何去妄歸真？有「五停心觀」可以對治。

一、以不淨觀對治貪欲；二、以慈悲觀對治瞋恚；
三、以緣起觀對治愚癡；四、以念佛觀對治我執；
五、以數息觀對治散亂。

《人間萬事·五停心觀》

為了止息煩惱，所修的五種觀法，稱為五停心觀，又稱止停心。

煩惱有多種，為了對治，所以修種種法門。

如同應病予藥，病好了，人也健康了。

心煩惱，如同心生病了，佛是大醫王，用佛法醫治我們的煩惱；

煩惱去除，人也自在了。

196

我們要用什麼樣的腳印走出人生的道路呢？

一、用善良的腳印；二、用慈悲的腳印；

三、用向前的腳印；四、用平均的腳印；

五、用歷史的腳印；六、用文明的腳印。

《人間萬事‧一步一腳印》

凡走過必有痕跡，但重要的是，
要留下好的經驗智慧。
累積好的經驗，久了就會成為好的習慣；
有了好習慣，才有大力量在佛道上用功。

197

千處祈求千處應，苦海常作度人舟。

〈觀音讚〉

「無緣大慈，同體大悲」的顯現，
就是「千處祈求千處應，苦海常作度人舟」。
星雲大師常講「念觀音，拜觀音，不如做觀音」。
學習觀音菩薩的尋聲救苦，
倒駕慈航，是學習，也是應做的。

《大般涅槃經》裡面講到「安穩之道」：
身無諸惡業，口離於四過，
心無有疑網，乃得安穩眠。
身心無熱惱，安住寂靜處，
獲致無上樂，乃得安穩眠。

《大般涅槃經》卷十九

善與惡，離不開身口意。
因此，用身口意，
成就善業、成就智慧、
成就解脫是重要的。
令身心無熱惱，處於寂靜，
不生煩憂，而居無上之樂，
是世間安穩之處。

做人，不必要求別人做到最好，自己做到最好才重要。做好自己，要能悲天憫人，不可以用權勢、計較跟人相處，最好在處人時，以慈悲為原則。

《人間萬事 · 做最好的自己》

「嚴以律己，寬以待人。」

自助才能人助。

把自己做好，是重要的理念，

除了樹立典範，

也能讓自己立穩腳跟，

更上一層樓。

《大般涅槃經》裡面講到「智愚之別」：

智者有二：一者不造諸罪，二者作已懺悔。

愚者亦二：一者作罪，二者覆藏。

雖先作惡，後能發露，悔已慚愧，更不敢作，

猶如濁水，置之明珠，以珠威力，水即為清；

如煙雲除，月則清明，作惡能悔，亦復如是。

《大般涅槃經》卷十九

慚愧，是我們心中的善法、心中的法財。

有慚愧心，才會懺悔改過，往上進步，是智者所行。

反觀愚者，不但沒有慚愧心，而且將罪業覆藏覆蓋，不想讓人家知道，也因此失去改過向上的機會。

201

本有今無，本無今有，
三世有法，無有是處。

《大般涅槃經》卷十

世間緣起，
因緣生，因緣滅。
世間生滅，
本來有，後來無；
本來無，後來有。
所以，生生滅滅，有無不定，
如同幻化一般。
所以說，
三世有法，無有是處；
無有實相，是為實相。

人與人相處，難免偶有摩擦，但是如果把一切逆境都當成磨練，那就是成長的助緣了。關於磨，世間萬物都要磨，才能更加利用。例如：

一、黃豆磨了成為豆漿。

二、芝麻磨了成為香油。

三、鋼鐵磨了成為刀劍。

四、木材磨了成為家具。

五、個性磨了成為聖賢。

《人間萬事・磨》

有一句話說「砥礪前行」，是指經歷磨練，克服困難，往前進步的意思。

沒有磨練，就不會進步。

也有很多人退縮逃避，不要磨練，當然進步不了。

所以，面對問題，勇敢承擔，接受考驗，才是智者的行為。

203

觀心無心，從顛倒想起，如此想心，從妄想起，
如空中風，無依止處。

《佛說觀普賢菩薩行法經》

四念處中，
有「觀心無常」的覺照。
心念生生滅滅，無有實體，
如空中風，無常非我，非依靠處。
能知心為妄念而起，不生執著，
便能自在，得大解脫。

204

從剎那因緣中感受永恆的未來，
從明月清風中體悟清淨的自性。

《佛光菜根譚 · 自然因果法則》

一時千載，千載一時，剎那即是永恆。
如同我們一剎那的悟道，
便可以盡未來際受用；
亦如明月清風，
本來就有無限的清涼與平靜。

205

學道容易入道難，入道容易守道難；
守道容易悟道難，悟道容易行道難。

《佛光菜根譚‧自然因果法則》

修行學道，總有層層的困難要突破，
只要有信心，不離不捨於道，
終有成就的一天。
如同一塊木頭流於河中，
如果不著此岸，不著彼岸，
不沉入水中，不在沙洲上擱淺，
亦不為洄流所住，不為人非人索取，
又不腐敗，此一塊木頭終究會流入大海。

力量就是一種能源，你內心裡有什麼能源，就能產生什麼力量。

心力一發，就可以發揮慈悲的力量、慚愧的力量、發願的力量、禪定的力量、智慧的力量。

《迷悟之間·力量》

生活中處處需要力量，煩惱也是力量；

貪心、瞋心、無明，這些都是力量。

但重要的是，我們要把力量用在對的地方，

用在正信、正精進、正念、

正定、智慧、慈悲，

才能增上進步，自利利他。

世界上，每一個人都需要有信仰，信仰是出乎自然，發乎本性的精神力。

《佛法真義》

信仰，除了相信正信的宗教外，
也要相信真理；更可貴的就是肯定自己，
相信自己，知道自己可以成佛，
相信自己是佛。

在團體中，功勞可以加速我們成長，時間可以給予我們肯定，大眾可以推動我們進步。

《星雲日記》

菩薩的道場在大眾之中，大眾團體如大冶洪爐，

訓練我們成鋼成鐵，

也在利益大眾之中可以自我成長。

209

沒有經過失敗的人生，那真是遺憾，因為失敗的時候是最好的時刻。

蔣勳《人生要做痛的功課》

失敗為成功之母。

只有在失敗的時候，才能看清楚問題在哪裡。

佛陀經過無量劫的修行，也遇到很多失敗困難，

但總是可以破除無明，可以看出問題所在，

終而成就圓滿菩提。

「世間若有一人受苦，則無人可置身事外。」這
是觀世音菩薩教我的功課。
「只要一盞心燈燃亮，則即時遠離顛倒夢想。」
這是觀自在菩薩教我的功課。

奚淞《三十三堂札記・說觀音》

「眾生被困厄，無量苦逼身，
觀音妙智力，能救世間苦。」
「千處祈求千處現，苦海常作度人舟。」
觀音菩薩有慈悲，可以救人；
觀音菩薩有智慧，可以自在。
慈悲與智慧，是做菩薩的主要條件，
也是我們要學習的悲智雙運。

信仰能夠確實幫助我們解脫煩惱，甚至超越生死
輪迴的，這才是值得我們信仰的對象。

《佛法真義》

生死事大，我們不要輪迴煩惱，
要解脫自在。心樂法喜佛法的智慧，
能除一切苦，真實不虛，
能度老病死而到快樂的彼岸，
生起信心，努力精進修行非常重要。

為什麼要選「選佛場」？因為在選佛場裡，說話要選說好話，做事要選做好事，心裡要存好的理念。

《佛法真義》

每個人都是佛，但什麼時候成呢？

因緣具足，自然成就。

三好、四給、五和、六度，

你都有了嗎？

捌

213

凡事往好處想，世界何其美麗！

一切諸法，皆由心造，吾人能有一顆慈心、善心、好心，最為重要。

《迷悟之間 · 美麗的世界》

凡事往好處想，是不容易的。

我們遇到不如意的事，總會怪對方，

不知檢討自己對或不對。

多思惟，想一想，

就會發現存好心是有價值的。

214

燒了房子，有慶賀的人；一簞食，一瓢飲，有不改其樂的人；千災百毒，有談笑自若的人。對於這種人，人生還有什麼威脅？這種快樂，把忍受變為享受，是精神對於物質的最大勝利。

錢鍾書〈論快樂〉

佛陀講「身苦心不苦」，便是把苦受轉成不苦的自在解脫。這中間，主要還是講「無我」的體驗。把「我」放下，天下還有什麼苦差事嗎？

六根就像盜賊一樣住在我們身體裡，讓我們沉迷於癡惑瞋愛，所以修行過程中，最要緊的就是要「密護根門」，轉六根賊為六波羅蜜，才能脫離苦海。

《佛法真義》

宋朝性空妙普禪師有言：

「學道猶如守禁城，晝防六賊夜惺惺；

將軍主帥能行令，不用干戈定太平。」

心念正了，行為就對。

有了正見、正念、正信，

自然會帶動六根，將六根的貪瞋之賊，

變為成就佛道的六波羅蜜多。

216

隨緣不是隨波逐流，而是珍惜當下；
當下不在他方淨土，而是內心一念。

《佛光菜根譚‧勵志修行證悟》

當下一念，現前一念，
是善是惡，是好是壞，
心裡要清楚明白，
才能改過遷善，善根增長。
再者，當下一念，是常是無常，
是我是無我，也要清楚明白，
才能放下萬緣，安心自在。

217

杯子撲落地，響聲明歷歷；
虛空粉碎也，狂心當下息。

虛雲和尚〈開悟偈〉

虛雲老和尚因杯子破的因緣悟道，
並說出以上的偈語。

聲音，因緣所成，世間一切都是一樣。

所以，無幻化，無有實體，

五蘊也是如此。

無常非我所，本來無一物，

如夢幻泡影一般，照見五蘊皆空。

狂心頓歇，歇即菩提。

218

閉關是一種剋期取證，超越凡間的一種自我提升方式，其境界如人飲水，就像封得很緊閉的醬缸一般，經過長期的貯放，才會更香醇。

《佛法真義》

有人為了閱藏閉關，

有人為了修行閉關，

有人為了生死閉關，

「閉關」要清楚目標，

加以恆心毅力，才能安住關內，

而有所成就；

否則懵懵懂懂，心地不明，

終究浪費光陰。

所以，佛教講「不破參，不閉關；

不開悟，不住山」。

我們要開闊心胸，讓心比虛空還要大；虛空、法界都在我心中，我的心量能普遍到虛空法界，一切都在我的包容之內，那就是「量周沙界」了。

《佛法真義》

心包太虛，量周沙界，是佛的境界，也是我們的心境。

但是，如果我們計較分別，貪瞋不斷，煩惱不減，哪來的量周沙界呢？

少一分煩惱，證一分法身。

因此，勤修戒定慧，息滅貪瞋癡，才是努力的方向。

善的一半，眼前雖然看似吃虧，最後必然會勝利；
惡的一半，本來雖會佔些便宜，最後注定要失敗。

《佛光菜根譚‧自然因果法則》

世間有善有惡，善惡互生有滅，
若求其究竟，如同惠能大師所說：
「不思善，不思惡」，
這是我們的本來面目。
如《心經》所說：
「不生不滅，不垢不淨，不增不減。」
生滅、垢淨乃至增減，
幻化無有實體，所謂不可得，
這個是我們在佛法實相上要去體證的地方。

221

宇宙世間，所有一切有情生命，乃至大地山河，
都有一個共同的生命，彼此相互依存，若能開啟
「萬物共生」之光，大家相互尊重、包容，世間
將是何等美好！

《佛法真義》

世間緣起，
此有故彼有，此無故彼無，
相依相靠，相互依存，
傷害了你，也如同傷害自己。
因此，相互尊重、包容，才是上上之策。

一個合掌，你就能感受到一分友好、一種和善；
一個合掌，就能流露出禮貌、尊重、恭敬的心意，
這也是人際之間友善的無聲交流。

《佛法真義》

「合掌以為華，身為供養具；
善心真實香，讚歎香雲布。」
合掌，又作合十，即是合併兩掌，
表達恭敬真誠之意。
雖是兩掌的合併，
但表現出內心對佛法的體驗，對人的尊重，
當下滅除我慢，去除分別計較，
斷除心中的瞋恨愚癡，是一種很好的修行。

223

雖行於空，而植眾德本，是菩薩行；
雖行無相，而廣度眾生，是菩薩行；
雖行無作，而現有受身，是菩薩行。

《維摩詰經》卷二

空、無相、無作，是三解脫門。
菩薩雖行解脫，不忍聖教衰，不忍眾生苦，
但以眾生為道場，以大悲心饒益有情，
以菩提心成就眾生，
而不是高處勝解，不行慈悲。

224

佛以一音演說法，眾生隨類各得解。
不著世間如蓮華，常善入於空寂行。

《維摩詰經》卷一

諸佛菩薩常住世間，隨緣應化，
但不入世間煩惱，而示教利喜，教化有情。
這是諸佛菩薩的般若智慧，
猶如蓮花不著水，亦如日月處虛空。

一個真正的禪者，每天二六時中，無不是生活在
禪定之內。什麼是禪者的生活呢？
一、隨緣生活，二、隨喜度眾，
三、隨眾作務，四、隨心自在。

《人間萬事・禪者的生活》

一般人可能認為自己就是禪者，
假想著飄逸的生活，但考驗一來，
什麼都是夢幻泡影。
因為他內心煩惱未除，只是妄想。
禪的境界，處在無明之中，
當然就是顛倒夢想。

226

布施可以種一收十，持戒可以三業清淨，
忍辱可以自他得益，精進可以無事不成，
禪定可以身心安住，智慧可以洞察秋毫。

《佛光菜根譚 ・ 教育教理教用》

六度，全稱「六波羅蜜多」，
是菩薩通向成佛之道所實踐的六種修行，
也是六種讓我們得度的法門。
佛陀過去久修六度，成就無上正等正覺。
因此，我們也要跟佛陀學習，
在生生世世中，圓滿六波羅蜜多。

227

看天下窮途之輩，幾個曾經惜福？但報應來時，
方知有苦。
問世間得志諸君，誰人願意修行？待光陰去矣，
徒嘆無常。

佛寺楹聯

金烏似箭，玉兔如梭。
是日已過，命亦隨減。
舉世盡從忙裡老，誰人肯向死前修？
今生不將此身度，更待何時度此身？
因此，當勤精進，如救頭燃，
但念無常，慎勿放逸。

228

悟雖是剎那來到，卻需要長遠的用功。悟的境界，個人領會巧妙不同，你能悟，你的世界就不一樣。

《如是說・禪者的涵養》

修行三大阿僧祇劫，悟在剎那間。

有人在剎那間悟到無常，有人悟到無我，

有人體悟到空性，有人悟到不可得，

有人體悟到夢幻泡影，有人悟到應無所住，

有人體驗到本來無一物。

總之，在悟之前，須要一點時間做準備。

重要的是，要把解脫的基礎打好，

才有悟的可能。

人生最大的極限是智慧，可以「見到因緣，頓悟無生」；

人生最大的極限是慈悲，可以「無緣大慈，同體大悲」；

人生最大的極限是發心，可以「頭目腦髓，供養十方」；

人生最大的極限是成佛，可以「了脫生死，圓滿人生」。

《迷悟之間·超越極限》

智慧、慈悲、發心、成佛，在修行上是非常明顯的方向。

但是，

你有想過要有智慧、要有慈悲嗎？

你有想過我要發心、我要成佛嗎？

一般人認為日子過得去就好，

但沒有智慧、慈悲來提升自己，

終究只是平凡一生，一樣輪迴生死。

230

禪的思想是什麼？放曠自在，隨緣度眾，當人的
生命有了禪，言行舉止會散發出禪的味道，更能
活出禪者的「有所為，有所不為」高度涵養。

《如是說・禪者的涵養》

《六祖壇經・坐禪品》說：
「外離相為禪，內不亂為定。」
百丈禪師〈叢林二十則〉
「遇險以不亂為定力」，
說明只要內心不亂，世界就不一樣。
所謂平常一樣窗前月，
才有梅花便不同。
有了禪，世界也不同。
有所為，有所不為，
直下承擔，更無錯過。

231

剎那的善心可得無盡的福報，剎那的淨心可得無量的功德，剎那的悟心可得無限的妙覺，剎那的空心可得無相的寂滅。

《佛光菜根譚・教育教理教用》

人的心念剎那生滅，
雖是剎那生滅，但有其效果。
修行百千劫，悟在剎那間。
所以，剎那也不是突然來的，
有了三大阿僧祇劫的修行，
才有開悟成道的瞬間功德。

232

如果能勤修戒定慧，心中時時有佛，處處是佛法，
身心便能輕安，充滿無限的法喜。

<人間佛教的藍圖>

六度裡的「精進」，
就是精進修行、勤於修行的意思。
能夠勤於修行，在佛法上有所深入，
才能法喜充滿。
很多人把日常所做的，
當成是工作，工作會疲累；
若能把平日所做的，
當成是修行，修行是法喜。

233

一朵花努力的綻放，給人間增加多少美麗的色
彩，很多人因為看到一朵花那麼努力的開放，因
此激勵自己，要學習花布施「給人歡喜」的精神。

〈星雲大師語錄〉

「給」是布施，是六度波羅蜜多之首。
布施可以成就福報，也可以成就智慧。
布施可以給人歡喜；
給人歡喜，如同供養諸佛。

無常想者，能建立無我想。聖弟子住無我想，心
離我慢，順得涅槃。

《雜阿含經》卷十

世間所有一切，皆是緣起，
因緣生，因緣滅。
從因緣可以看到生滅，
看到生滅，可以見到無常、變異、幻化。
知無常、變異、幻化，可以知無我；
知無我，可以無所住，
離我貪、我愛，離我慢、無明，
進而成就煩惱不生的解脫涅槃。

讀新書如晤良友，讀舊書如遇故人。人在獨處時，
不管是良友也好，故人也罷，都是不可少的伴侶。

《佛光菜根譚 · 勵志省思》

靜下心來好好看經典，
如同佛陀就在眼前對我們說法開示一樣，
多聽佛法的智慧，
不要聽內心的計較煩惱。

236

隨喜的人心中有大眾，不自私，凡事以大局為重，
自己不會在得失上計較、煩惱，也能幫助成就好
事，得到他人的尊重。

〈星雲大師語錄〉

隨喜的人心地擴大，不會有計較的煩惱，
凡事往光明面去想，
所以歡喜見到他人的成就，
歡喜看到他人的布施，
而不生比較之心。
隨喜讚歎、隨喜功德，
自然福德因緣會日日增上。

237

有德之人，成就不必在自我，只要社會安和樂利，
人民幸福安樂，就是他的歡喜和希望。

〈星雲大師語錄〉

光榮歸於佛陀，成就歸於大眾。
團體有榮耀，我是眾中之一，
當然與有榮焉。

如來無所住，無住心名為如來。
如來不住有為性，亦不住無為性。

《小品般若波羅蜜經》卷一

如來無所依、無所住，不住色聲香味觸法。
因無住、無依，而處自在；
因不生不滅、不來不去，而說解脫。

239

有真心、有熱心，一定可以贏得人心；
有正念、有道念，一定可以擊敗邪念。

《佛光菜根譚・社會人群政治》

有正見、正念，可以去除五種邪見。

去除以為有我身的「身見」；

去除二種常、斷見解的「邊見」；

去除認為沒有四諦、沒有因緣果報的「邪見」；

去除以低劣為優為勝的非果計果、以為禪定為解脫的「見取見」；

去除以非道為道，以非解脫方法為解脫方法的「戒禁取見」。

邪見去除，自然有正信、正解、正行，很快地邁向菩提正道。

修行隨喜功德，能使我們以平等心，隨緣、隨分、隨力的去結緣，普利一切眾生，並開闊我們的人生。

〈星雲大師語錄〉

《華嚴經・普賢行願品》的隨喜功德中講到：

「從初發心，為一切智，勤修福聚，難行苦行，圓滿種種波羅蜜門，證入種種菩薩智地，成就諸佛無上菩提，所有善根，我皆隨喜。」

一個善念、一句讚歎語，都是我們隨喜功德的地方。

在成佛的過程裡面，隨喜功德是不可少的修行。

241

心中有禪味的人，耳中所聽聞的都是八萬四千的
詩偈。

心中有歡喜的人，眼中所看見的都是賞心悅目的
景色。

《佛光菜根譚 · 自然因果法則》

世間沒有禪味歡喜的人，
所見所聞，皆是煩惱。
《六祖壇經 · 般若品》說：
「若真修道人，不見世間過。他非我不非，
我非自有過。」修行人遠離貪瞋，
但莫憎愛，洞然明白。
沒有了煩惱，自然所聽所見，
都是極樂世界佛國淨土。

242

能夠好壞因緣都接受，就能無限擴大自己的人生，改變自己的未來。

〈星雲大師語錄〉

塞翁失馬，焉知非福。

世間的好壞、世間的禍福，
是不容易下定論。好與壞，
坦然接受，不被好壞的觀念束縛，
才有開闊明朗的一片天。

243

如我在《佛光菜根譚》中所言：「進步要在心平氣和中才能求得，人緣要在隨喜服務中才能培養。」在隨喜中，日日增上、日日在歡喜希望中成長。

〈星雲大師語錄〉

透過佛陀不緩不急的教導，
二十億耳得以成就阿羅漢道。
修行不緩不急，
就是在心平氣和中進步向上，
人緣的培養也不能強求，
要在日常生活中真正發心服務，
才能成就好因好緣。

365

玖

244

佛沒有創造人，人也不能創造佛；各人自業自受，因果自己承擔。

所謂「自依止，法依止，莫異依止」，這就是佛教最高的信仰理念。

《佛法真義》

老病死生誰替得？酸甜苦辣自承擔。
天下之大，人數之多，
卻沒有人可以替你吃飯、睡覺，
也沒有人可以替你修行成佛，
只能自己概括承受，一步一腳印，
一切自己當努力、當承擔，
自己依靠自己，別人替你不得。

教室裡，有慧解的修行；勞動中，有植福的修行。
處世上，有做人的修行；心靈內，有道德的修行。

《佛光菜根譚‧進德修業的指南》

所謂「但莫憎愛，洞然明白」。
重點是，修一個貪瞋癡永盡，
人與事，沒有苦樂計較的煩惱。
人與人，沒有對立分別的煩惱；
只要有心修行，處處都是道場，

246

涅槃是無我的，但不是死後才無我，是一種悟境，
是超越，是神聖的，不生不滅、最高的境界，才
稱為涅槃。

《佛法真義》

涅槃是究竟解脫，不再生起貪瞋癡，
不再生死輪迴，即是貪瞋癡永盡，
息滅煩惱的火焰，
而達到清涼清淨的心地，
是修道者解脫的明顯指標，
所謂我生已盡，梵行已立，
所作已作，自知不受後有。

247

從勞動中培植福德，不僅學習謙卑忍耐，也養成堅韌的意志。

《星雲法語‧修行》

福德、福報是修道資糧，
對修行有幫助增上的作用。
修行更要精進勤勞，
勤於修戒定慧、聞思修，
勤於修六度、四攝，
勤於修八正道、三十七道品。
在勤修中，增加法喜；
有了法喜，知道法喜是超越世間的欲樂，
就更能在修行中進步。

248

處在形形色色的大眾中，待人處事，都要培養敏銳的覺知。

《星雲法語・修行》

在世間的洪流之中，
可說優劣參半，人人不同。
正派的人，可能遇上邪念的心；
善良的心，可能遇上欺騙的人。
因此，人生在世，智慧覺知就顯得重要，
才能趨吉避凶，消災免難。

249

一個修道者的心，對於世間的濃淡、順逆、哀樂、有無，要能做到：
一、濃淡，要有不拘的中道心，
二、順逆，要有不憂的雅量心，
三、哀樂，要有不入的平常心，
四、有無，要有不計的平等心。

《星雲法語 · 修道者的心》

世間一般人的心裡往往會生起對立之心，
世間緣起本來沒有二邊對待，
只因我們有計較分別，導致有所對立。
因此，緣起中道義顯得重要，
不生不滅，無得無失，不墮二邊，
自然自在解脫。

250

污泥可以生長蓮花，沙田可以出產黃金；
外境的好壞並不重要，重要的是，
我們是否能成為一粒有用的種子。

《佛光菜根譚 · 勵志省思篇》

一切有為法，可以見到夢幻泡影；
世間緣起，可以見到性空。
千年暗室，可以一燈即明；
無盡的心田，可以成長菩提樹王，
庇蔭一切有情。

251

所謂布施，就是廣結善緣。

愛語，就是語言的巧妙。

利行，就是助其增上。

同事，就是同行共事。

《佛法真義》

四攝法，是菩薩接引眾生的一個慈悲，即是菩薩攝受眾生，令其生起親近心，而接引入佛道，乃至令其開悟成就的四種方法。

一般講六度四攝，是菩薩修行的方法，也是成就佛道必經的過程。

菩薩知道法的殊勝，故生起勇猛心，接引有情，自利利他，自覺覺他。

252

能知，才能有所悟。悟者，明心見性也。
能行，才能有所證。證者，圓成菩提也。

《佛光菜根譚・自然因果法則》

有解有行，
才能有所悟、有所證。
知心念無常幻化雖然有，
但是覓心了不可得，
可以證一切行皆自在，
成就圓滿菩提。

253

修習四無量心，能夠改善我們的人際關係；
修習四無量心，能培植福德智慧，能利益安樂無量眾生。

《佛法真義》

慈悲喜捨，是四無量心，
又名四梵住、四梵行。

梵住、梵行，形容道德崇高，
如同處在梵天，樣清淨莊嚴。

佛光人四句偈說到
「慈悲喜捨遍法界」，
就是要我們實行四無量心
在生活中的每一角落。

254

悟得心上之本來，方可言了心。
懂得世間之常道，才堪論出世。

《佛光菜根譚 · 自然因果法則》

佛法裡面講，先得法住智，後得涅槃智。
先成就世間分別明白的智慧，
再成就出世間無分別的解脫智慧；
先了解因緣果報，再談緣起性空。
要悟得不生不滅的本來面目，
先要知道生滅本來無常幻化的道理。

255

「我念佛」、「我學佛」，用以克制妄念、行為。但比拜佛、求佛、信佛更上一層的，那就是行佛。

《佛法真義》

行佛，是身體力行實踐佛法，而不是只有了解；了解之後，再加以實踐修行，才能體證佛法，即是信解行證的佛法次第。

256

佛法要在生活中體驗、印證，唯有透過自己力行，才能融入身心，成為自己血液裡的養分，如此才能得到佛法的受用。

《佛法真義》

佛法在世間，不離世間覺。

真正修行在日常，佛道本在生活中，

佛法在穿衣、睡覺、吃飯、作務之間。

心中有罣礙，處處皆煩惱；

心中無罣礙，時時都自在。

257

人與人相處，若能時時懷抱感恩之心，仇恨嫉妒便會消失無形，是非煩惱自然匿跡無影，生活在人間自可獲得和諧美滿。

《迷悟之間·嫉妒心理》

人與人之間的人際關係，
可以決定你快樂或不快樂。
家庭、親友、工作、同事、團體、
社會等的關係，都是我們要用心的地方。
人來到世間，為歡喜而來，非為煩惱而來，
因此與人為善相當重要。

258

在適當的時候，以柔軟的語言安慰了別人，就是
在應機教化，在別人受困的時候，伸出一雙溫暖
的手，就是在實現不可思議的靈感。

《佛法真義》

你想成為靈感的觀音嗎？

慈悲是觀音，只要慈悲心一發，

你就是千手千眼救苦救難的觀音菩薩。

「求觀音，拜觀音，不如自己做觀音。」

看到別人痛苦去除了，

別人高興，自己歡喜，這就是觀音。

做觀音，有力量，可以幫人。

一般人求觀音，自己沒有力量，

也不能幫助別人。

259

常用美好的眼光，欣賞每天出現在生活中的人事物，那你就是慈眼視眾生；願意勇敢地挺身而出，不畏人言，關懷弱勢，你便是施無畏者。

《佛法真義》

外在的美好，可以反映心中善美的世界；願意挺身而出，表示心中具足強大的力量。做一位有力量的人，可以成就五力，所謂「信心的力量、精進的力量、正念的力量、禪定的力量、智慧的力量」。力量具足，才能不生煩惱，才能解脫自在。

260

從給別人希望當中，對自己的未來也充滿了希望，擁有了希望，人生就會很富有，未來就有目標。

《佛法真義》

供養大眾，等於供養諸佛。

給人希望，如同給自己希望。

學佛是我們的方向，

修行是我們的未來，

成佛則是我們的目標。

用務實對治投機。

《佛光菜根譚 · 百法對治百病》

務實，一步一腳印，可以到達實境，
不生妄想，安住當下。
投機，光說不做，到不了實境，
且妄想紛飛，橫生枝節。

262

當我們在幫助別人時，能保有一顆悲心，給予人希望，才能不在乎個人的利害得失，才能全心全力為眾生去除困難，讓人離苦得樂。

《佛法真義》

發心度眾的菩薩，以眾生為道場，也需要知道「無我」的智慧，才能不在乎個人的利害得失。

如果有「我」，就會計較，不但自己度不了，別人也度不了。

263

我們用歡喜待人處事，就能讓人感到親切與安心。世間上，沒有比歡喜更寶貴的東西了。

《佛光菜根譚‧百法對治百病》

歡喜，是心快樂，也就是心樂。

之所以心樂，是因為心中不生煩惱；

煩惱不生即是解脫。

因此，歡喜的人即是自在的人，

在世間可說難能可貴。

264

捨是捨掉自己的分別與執著，捨掉自己的貪愛與
束縛；
捨就是將歡喜給人，將希望給人，甚至自己最喜
歡的東西都能捨得給人。

《佛法真義》

慈悲喜捨，是四無量心，
是清淨的梵行、清淨的修行。
我們不但要捨，而且要喜捨，
很歡喜的捨去。
我們常說，有捨才有得。
因為捨去煩惱、捨去執著，才有心的解脫；
捨去慳貪，才有布施的福報；
捨去散亂，才有禪的專注；
捨去無明，才有成佛的般若智慧。

真正的力量是忍耐，真正的智慧是寬厚，
真正的慈悲是包容，真正的財富是知足。
忍耐、寬厚、包容、知足，人生之四寶。

《佛光菜根譚 · 慈悲智慧忍耐》

外在的財富，可以讓我們的身命有所依靠；
內在的財寶，才是我們法身慧命的資糧。
我們的心中具足無量寶藏，
需要用我們的精進力去開發；
開發出來之後，遇到煩惱了，才用得上，
否則煩惱一到，還是手忙腳亂。
只要肯努力，
無量法財取之不盡，用之不竭。
心本具足無量的寶藏，
與佛平等，本來如是。

266

所謂「行佛」者，要經過千生萬死、千錘百鍊，
慢慢才能與佛相應，才能悟道。

《人間佛教佛陀本懷》

「千錘百鍊出深山，烈火焚燒莫等閒。」
修道過程裡面，乃至日常生活當中，
要經得起千錘百鍊、千生萬死，
才能堅固道心而不退轉，才能在修行中，
往前邁進，這才是菩薩道心、行者風範。

267

心不可見，以無為見。
即心即佛，佛即無生。
直下便是，勿求勿營。

唐・裴休〈傳心偈〉

心是心念的相續總合。
心念是生滅的，雖有而幻化無有實體可言。
講「覓心了不可得」，
從不可得中，可以見到心的本來；
見到本來，即是見到佛。
所以，無我、無相、無念、無住，即是佛心。
無常生滅，本來無我無相，
本來就是佛，故不假外求。
即心即佛，是心是佛，
本來如是，不必捨近求遠。

268

學習佛法是為了淨化自己、提升自己，要落實在生活上身口意行為的改變；除自利之外，必須還要利他。

《法華經大意》

淨化就是無染，無染是心中沒有煩惱，沒有貪、瞋、癡、慢、疑、不正見的煩惱；身口意沒有煩惱，就能自在快樂。菩薩用自在快樂的智慧，去饒益有情，廣度眾生。

一個優秀的「老二」，比主管還難當。人的很多煩惱，都是因為不懂退做「老二」，若能懂得老二哲學，自會有另一寬廣的空間，這也是我們現代社會需要的。以下提供四點老二哲學：
一、輔助主管領導，二、幫助屬下建功，
三、代人承擔過失，四、功勞與人分享。

《星雲法語‧老二哲學》

老二哲學，是退一步的智慧。
退步原來是向前，因為有退，
向前的空間無形中就大了許多。

270

平等是人間的和諧，互尊是人本的要義，
環保是世界的規律，自然是生命的圓滿。

《佛光菜根譚 · 自然因果法則》

有平等心，會互尊互重。

平等心就是佛心；

佛陀成道後，

去除不平等的階級制度，

讓眾生感到平等的尊重。

佛陀講「心佛眾生，三無差別」，

說明人人本來都是佛，

每個人都具足平等

無差別的般若智慧。

有位比丘每次從精舍拿臥榻、長凳或小凳去使用後，就把它留在外面，任其日曬雨淋。其他比丘譴責他的粗心大意時，他就反駁：「我又不是故意的！況且也沒有多大的損壞。」所以，他依然故我。

佛陀知道他的習性後，就請他來，並告誡他：「比丘！你不可以這樣子處理事情，你不應該輕視惡行，即使它非常微細，如果變成習慣，小小過失也會變成大錯！」

《法句經故事集．粗心大意的比丘》

常言道：
「不以善小而不為，
不以惡小而為之。」
養成良好的身口意，
是修道的基礎。
如果養成不好的貪瞋癡，
這個就比較麻煩。

272

用實踐對治空談。

《佛光菜根譚‧百法對治百病》

說一丈不如行一尺，坐而言不如起而行。

光說不練，如同天馬行空；

腳踏實地，才有未來希望，

向前有路，指日可待。

273

佛教的布施是要不自苦、不自惱，不能輕視對方，
要覺得平等、歡喜；唯有捨去對物質貪念的歡喜，
才是真正的喜捨。

《法華經大意》

「三輪體空」，
是在布施時，布施的自己、
布施的對象、布施的東西，
都不能罣礙、在意、執著，
這樣才能自在歡喜。

行六度，也要跟三輪體空相應，
才能圓滿六度波羅蜜多。
生活也一樣，要與空相應、與解脫相應，
生活才能歡喜自在。

壹拾

274

菩薩成就二法，惡魔不能壞。何等二？一者，觀一切法空；二者，不捨一切眾生。

《小品般若波羅蜜經》卷九

「一切有為法，如夢幻泡影」，
是緣起性空、一切法空的出世間智慧。
不捨一切眾生，
即是大慈悲、大菩提，能圓滿世間的智慧。
菩薩成就世間出世間的法門，
能遠離煩惱，到達究竟解脫處。

275

用積極對治被動。

《佛光菜根譚 · 百法對治百病》

一個人如果被動，表示自己沒有力量。

當別人不鞭策你的時候，即使有才華，自己不能前進、不能進步、不能提升，非常可惜。

本來是佛，卻當凡夫。

如同閃亮的鑽石，被看成是一般的玻璃，而失去了它的原本價值。

另一方面就是積極，積極才能主動，才會自動自發。

因為有自覺的心，會主動的修行。

修行布施、精進、慈悲、禪定、智慧等。

積極也表示心中有力量，不必他人督促，自己就可以動起來。

如同佛陀為了眾生，主動修行，覺悟到緣起性空的解脫智慧，可以自利利他，自覺覺他，廣度人天，利益有情，就是我們講的菩薩行、菩薩道。

276

內在的思維，增進我們的智慧；
外在的苦難，增進我們的福報。

《佛光菜根譚 · 慈悲智慧忍耐》

思維是通向正見的力量，
有了正見，才有正確的修行。
苦難是考驗忍辱、禪定的試金石，
雖然苦，但可以激發出堅固的力量。

「明理」，是事業成功的條件；

「無理」，是人格修養的缺陷；

「真理」，是宇宙人生的規則；

「道理」，是世間萬象的本性。

《佛光菜根譚‧自然因果法則》

處在世間，「明理」很重要。

知道因緣果報，知道緣起性空。

明理可以去掉無明、我執。

從明理中建立起止見、正知、正念，

進而相應解脫自在的真理與道理。

278

待人誠信就是交往。

《佛光菜根譚 · 就是知行合一》

待人誠信，就是用真心與人相處，
肯包容，不自私；
為他想，不計較；
會幫忙，盡心力。
如果這樣，大家會很樂意與你做朋友；
如果不是，你可能會孤單一輩子，
沒有善友提攜，悲苦一世。

279

隨遇而安就是自在。

《佛光菜根譚 · 就是知行合一》

很多人想得解脫，
但是沒有注意到煩惱的問題。
煩惱斷除了，才有所謂的解脫。
很多人想要自在，但是不能隨遇而安，
總是計較、比較，去到哪裡都不對。
鹹有鹹的味道，淡有淡的味道。
心安住了，才有自在可言。

晨齋語錄 365

280

自我肯定就是信心。。

《佛光菜根譚・就是知行合一》

信心是自心的力量。

有信心的人，不會退縮害怕，

凡事向前邁進，可以看到未來。

三十七道品裡面的五根、五力，

信心是第一位。

有信心，就有精進，進而正念、正定，

能產生智慧，破除煩惱無明，

所謂「信為道源功德母，

長養一切諸善根」。

有一位殊卡沙彌，隨從舍利弗外出托缽。路上，他看見幾位農夫正在引水灌溉。他請教舍利弗：「是否這些沒有生命的東西都可以任意由人引導？」舍利弗回答說：「只要具備足夠的技術，當然可以。」殊卡沙彌心想，既然沒有生命的東西都可以加以調御，那麼具有心識的人無法調御內心，修習止觀是毫無理由的。於是他請求回精舍去禪修禪觀。當天他就證得阿羅漢果。

《法句經故事集‧殊卡沙彌》

生活中的種種，都是悟道的因緣。

殊卡沙彌見農夫引水灌溉，體驗到心足可以經由觀照而調御的。

四念處中講到觀照法門——觀身受心法，無常無我。

身心雖然有，但畢竟幻化不可得。

所謂「照見五蘊皆空，度一切苦厄」，心無罣礙，無有恐怖，真實不虛。

282

艱難困苦就是考驗。

《佛光菜根譚 · 就是知行合一》

世間有很多的艱難，也有很多的困苦，
有八苦、十苦乃至無量諸苦。
吃得苦中苦，方為人上人。
苦的時候，確實很苦，轉個念，
看到日後的希望，還是可以挺過去的。

283

活在當下就是承擔。

《佛光菜根譚 · 就是知行合一》

憨山大師的〈醒世歌〉說到：

「榮華總是三更夢，富貴還同九月霜。

老病死生誰替得？酸甜苦辣自承當。」

這世間沒有人可以取代你，沒有人可以替代你，

沒有人可以替你受苦，沒有人可以替你成佛。

因此，自我努力向上才是正途，

精進辦道才不後悔。

284

和顏悅色就是待人。

《佛光菜根譚 · 就是知行合一》

待人處事，是我們每天都要面對的。
用壞臉色來對人，自己苦，別人也煩惱；
倒不如和顏悅色，自己自在，別人也歡喜，
是對他人的真心供養，也是自利利他的菩薩行，
更是慈悲與智慧的顯現。

285

慈悲喜捨就是菩薩。

《佛光菜根譚 · 就是知行合一》

《六祖壇經》有言：
「自性覺即是佛，慈悲即是觀音，喜捨名為勢至，能淨即釋迦，平直即彌陀。」自己可以做觀音、勢至，只要你有慈悲喜捨，你就是菩薩。

286

尊重，是與人為善，給人利益；

溝通，是從善如流，體解人意。

《佛光菜根譚 · 做人處事的原則》

學習佛法的空無自性，

了不可得，如夢幻泡影，

可以去除我執對待的煩惱；

也因為去除我執對待，

才有尊重與溝通，

才有平等與包容。

287

小草，它不向逆境屈服，它不為自己的渺小而自卑；這就是小草的精神。

《迷悟之間‧小草精神》

小草不怕風、不怕雨，
立志要長高，頂著太陽，
忍受風寒，一樣活得很好。
人就不一定了，有些人怕苦怕困難，
而且高傲自大，經不起考驗，
心中沒有力量面對一切，
只能說是一位不肯進步，
讓人擔心的人。

288

唯有從自我出發，踏實耕耘，成功的果實才會真
正甜美。

《迷悟之間 · 從自我出發》

世間的人雖然很多，
但沒有一個人可以取代你，
這是我們自己要覺悟的地方。
沒有人替你吃飯、睡覺，
沒有人替你工作，也沒有人替你煩惱，
更沒有人可以替你成佛。
這一切只能一步一腳印靠自己，
不能靠別人，從自己出發，努力向上，
可以享有自己的成就，
也能分享其他的人。

289

歡喜，是人人所追求的；世界上最寶貴的東西，
不是金錢，也不是名位，而是歡喜。

《迷悟之間・無憂無喜》

布施喜捨是歡喜，觀心禪悅是歡喜，
自利利他是歡喜，菩提道成是歡喜。
佛法上的歡喜，有別世間，
且更加殊勝圓滿。

290

每日幫人做一些好事，不求回報，是為生活的密行。

《人間佛教的戒定慧‧「生活密行」二十五事》

行善不欲人知是一種修行，
修行不為人知是一種密行。
雖然沒有人知道，
但自己內心清清楚楚、明明白白，
到了水到渠成，自然功成圓滿，
功不唐捐。

291

憂悲煩惱也不一定不好，佛法未興，眾生未度，怎能不叫人憂煩？憂煩其實也是仁者之心，能夠「憂道不憂貧」，就是仁人之心的體現！

《迷悟之間・無憂無喜》

維摩詰居士以一切眾生病，是故我病；若一切眾生不病，則我病滅。

菩薩因大悲心，悲入憫人，不忍聖教衰，不忍眾生苦，覺悟自利利他，自覺覺他，廣行菩薩道，精進勇猛，成就一切。

因此，菩薩發心應當學習。

292

用耐煩對治急躁。

《佛光菜根譚‧百法對治百病》

大師的十二字真言：

「苦苦苦、做做做、忍忍忍、等等等。」

這十二個字，可以讓我們養成耐煩的功夫，耐煩做事好商量。

耐煩可以去除我們急躁的毛病，所謂千錘百鍊出深山，烈火焚燒莫等閒。

自我歷練，才能光照大千。

耐煩做事、耐煩溝通、耐煩修行、耐煩生活，從耐煩中培養出對治急躁的一股清流。

293

「以鼓勵代替責備，以讚美代替呵斥」，這不但是教育上最好的方法，這也是做人處事最妙的高招。

《迷悟之間 · 鼓勵與責備》

有些人習慣責備呵斥他人，這是最不好的溝通方式，不但自己養成壞的口業，而且也達不到效果。

僧讚僧，佛法興。

人抬人，出偉人。

鼓勵讚美，可以激發人的本能，不但發心進步，成就一切，自己看了，也與有榮焉，何樂而不為呢？

縱人負我德，亦當作我負人德想；覺自己對一切人皆有愧怍，歉憾無已，則暴戾之氣，便無由生矣。

《印光法師文鈔》

佛光四句偈說到「慚愧感恩大願心」，慚愧是心中的聖財寶藏。能夠常生愧對他人之想，內心自然會精進向道，日起有功，來日自有希望光明。

295

能夠把自我安頓在無執、無染、無拘、無束的上面，才能夠真正「度一切苦厄」！

《迷悟之間·度一切苦厄》

觀五蘊無常、無我、無所有、不可得，
可以「照見五蘊皆空」，
可以「度一切苦厄」，
可以度老病死的苦，
可以度八苦、十苦的痛苦，
可以度人間乃至三界的苦。
所以，心無罣礙，無有恐怖，
遠離顛倒夢想，究竟涅槃解脫。
這一切都源自於「無我」的般若智慧。

我們的念頭有如一潭湖水，水波不生，自能映物；
念頭一動，波濤洶湧，自然無法照見自己的本來
面目。

《迷悟之間 · 照顧念頭》

是風動，還是幡動？

其實是我們的心在動。

心不為外緣所影響，

自然能夠看見生滅，見到緣起，

能夠照見五蘊皆空。

所謂見法見緣起，即見如來。

見菩提自性，本來清淨無染，直了成佛。

297

觀世音菩薩尋聲救苦，布施無畏，是茫茫苦海中的義工。

《佛光菜根譚‧教化修行責任》

在茫茫人海中，當你受苦受難時，
到底誰在乎你？
觀音菩薩成就大悲行解脫門，
尋聲救苦，千處祈求千處應；
如千江月現，苦海常作度人舟，
是我們信仰中的依靠。
當然，只要你心中有慈悲，
你也是大家依靠的觀音菩薩。

298

人的一雙眼睛是肉眼，假如給人一點關注，給人
一些尊重，那就是「慈眼視眾生」了。

《迷悟之間 · 慈眼視眾生》

除了慈眼視眾生外，佛法也講五眼。

肉眼，為色身所具之眼，能見外在色塵物質；

天眼，為人天因修禪定成就之眼，遠近、

前後、內外、晝夜、上下，皆悉能見；

慧眼，能看出無相空性之眼；

法眼，菩薩為救度一切眾生，

能照見一切法門之眼；

佛眼，具足前四種作用的佛眼，

無事不知，無所不見，

無所思惟，一切皆見。

樂觀進取的人，終日懷著積極向上的觀念，對前途充滿了希望，生命裡好像有無限活力，看得開、放得下，不但自己享受歡喜愉快的生活，而且散發著喜悅花香給人。

《迷悟之間 · 樂觀進取》

向前有路，未來有無限大的空間，
等著我們去開創，不要因為不如意，
而障礙樂觀向前的腳步。

300

每個人一天都有二十四小時，有的人用吃喝玩樂來打發時間，有的人以服務世人來充實生活。同樣的時間，卻活出不一樣的人生，可見培養「樂觀進取」的人生觀，實在不容漠視。

《迷悟之間 · 樂觀進取》

一切有情在三界裡，無盡地輪轉。

同樣是輪迴，

有人證得解脫，有人成就佛道，

有人墮入三途，有人憂悲苦惱。

因此，讓自己進取提升，

是非常重要，可以遠離苦海，

到達喜樂自在的境界中。

301

用立志對治消沉。

《佛光菜根譚 · 百法對治百病》

子曰：「三十而立，四十而不惑。」
表示在立志向學這一條路上，
是沒有迷惑的。
修道修行也是一樣，願立眾生可度，
心發佛道堪成。
把修行當成是明確的志業，
就能夠精進而上，一旦起有功，
破除消沉散亂的煩惱。

302

一束鮮花，不如一臉微笑；

一杯清水，不如一念清明；

一曲音樂，不如一句好話；

一首詩歌，不如一聲讚歎。

《佛光菜根譚‧自然因果法則》

世間非表相，更應了解其內涵。

「孔雀雖有色嚴身，不如鴻雁能高飛；

白衣雖有富貴力，不如出家功德深。」

萬貫家財，不如輕鬆自在；

高權在握，不如笑口常開。

303

觀古知今，無論科技多麼先進，吾人必須要求自己，健全自己，才得以生存；吾人必須反觀自省，培植善緣，才能邁向佳境。

《迷悟之間‧人生十二問》

AI科技的進步，讓我們的生活方便不少，乃至延長壽命等，但終究還是「生老病死誰替得？酸甜苦辣自承擔」。好好在般若智慧下功夫，才能心無罣礙，度一切苦厄，這才是正途，也是我們要覺悟的。

304

無常苦空雖為人生實相，但在無常之中吾人皆有一顆不變的真心，若能證悟真理，超越無常，則能在無常之中找出自己的出路，是時任性逍遙，心安理得，豈不快哉！

《迷悟之間 · 無常的可貴》

世間是無常生滅的，生滅就是幻化，
我們不被世間的外塵生滅幻化所影響，
就可以證得不生不滅的自在真心。

壹拾壹

305

用謙虛對治傲慢。

《佛光菜根譚・百法對治百病》

「慢」是煩惱之一。

《成唯識論》裡講：「我慢者，謂倨傲恃所執我，令心高舉，故名我慢。」

因為執我，輕視他人，而成憍慢。

「我慢山高，法水不入」，確實要警惕。

要對治傲慢，須用謙虛之心。

虛懷若谷，心胸如山谷般深廣，包容一切。

心中謙虛，才能容納別人的意見，

而不生傲慢之情。

心為煩惱本，六根作賊使，
時時反諸己，莫在六塵轉。

《佛光菜根譚・貪瞋感情是非》

貪瞋癡的煩惱，
是六根接觸六塵而生起，
煩惱因緣生，煩惱因緣滅。
這樣，就可以看出煩惱的無常虛幻，
而不被六塵所轉。

307

忍，不是懦弱的表現；忍，是勇者的象徵。一個
人只要能夠凡事忍耐，不逞一時之氣，必能成功。

《迷悟之間 · 要忍一時之氣》

人生不如意，十之八九，
表示不如意是很正常的。
因此，「忍」非常重要。
很多人面對逆境，大都選擇生氣，
但是生氣是無濟於事，倒不如先忍一忍，
才會去思考，才能從中看到智慧。

308

稱人之善，是善美的修養；
揚人之短，是鄙劣的行為。

《佛光菜根譚・做人處事的原則》

稱人之善，自利利他，是菩薩的修養；
揚人之短，自毀毀他，非菩薩的修為。

晨齋語錄365

309

所謂「千江有水千江月，萬里無雲萬里天」；佛陀就在虛空裡面，「有緣佛出世，無緣佛入滅，來為眾生來，去為眾生去，來也未曾來，去也未曾去」。

〈佛教對「安樂死」的看法〉

心無罣礙，自是晴空朗朗；
慈悲萬物，自然有緣皆應。
諸佛菩薩有智慧、有慈悲，
知道誰可以得度，因緣一到，自然展現在前。
因此，儘管精進努力，因緣成熟，
一切諸佛菩薩自會慈悲救拔。

310

忍他，是一種智慧，是一種力量，是一種化解，是一種慈悲；在忍耐的世界裡，沒有瞋恨，沒有嫉妒，只有和平與包容。所以，忍，是成功立業必要的修養。

《迷悟之間‧要忍一時之氣》

忍辱，六度之一，是必須要修行的項目。

世間有很多的不如意、很多的逆境考驗，這些都需要忍耐，才能生起智慧，度過難關。

「忍」會帶來平靜和諧、慈悲包容，化解不平，去除煩惱等功德，能使我們達到的解脫心境。

要享事功，先要提得起。

要享閒情，先要放得下。

《佛光菜根譚 · 自然因果法則》

提得起，勇敢承擔面對一切，

才能開創一番事業。

放得下，不再罣礙，狂心頓歇，

才能到處身心自在。

能忍一時之氣，自能增長無限福德；
能起一念之善，自能消弭無限罪業。

《佛光菜根譚・勵志敦品警惕》

一念之間，是迷悟之間；
一念之間，是善惡之間。
一念之間，要能夠起正向思惟，
才能引導正確的行為，趨向解脫。

所謂歡喜，要能與人共享共有；所謂歡喜，要能不妒人有。能夠享有無私無我的歡喜，這才是有價值的歡喜。

《迷悟之間 · 無憂無喜》

沒有煩惱，沒有障礙，也才有歡喜。有慈悲包容，才有歡喜。無我無私，不為自己，才有解脫自在的歡喜。

314

有一位婦女叫毘舍佉，因為孫女蘇達坦不幸逝世而十分難過，就去向佛陀訴說她的悲傷之情。佛陀就告誡她：「毘舍佉！你難道不明白舍衛城一天有多少人去世嗎？想想看，如果他們都是你的孫女，你豈不是要日夜不停的哭泣！不要讓一個孩子的死亡嚴重打擊你。貪愛會造成悲傷和恐懼。」

《法句經故事集 · 佛陀安慰毘舍佉》

眾生在無始的輪迴當中，因為愛別離所流的淚水超過四大海，可見我們的貪戀是如此地堅固。為避免貪愛造成的無盡煩惱，更應精進辦道，去除貪瞋，才能身心自在。

一、以和平願力來養心，二、以般若福慧來養心，
三、以菩提禪淨來養心，四、以空無包容來養心。

《星雲法語‧養心》

禪宗四祖道信禪師曾對牛頭法融禪師說：

「百千法門，同歸方寸；
河沙妙德，總在心源。」

心是眾善之基，功德叢林。

因此，好好將功德善法成就，
心中就有圓滿的河沙妙德，
自利利他，自覺覺他，
成就無上正等正覺。

316

明末清初的一位禪僧叫做檗庵正志，他捨報的時候就說：「今法、世間法一齊放下！」

《金剛經》有言：

「法尚應捨，何況非法？」

法是法塵，太過執著，也是煩惱。

「不思善，不思惡」，才是我們所說的解脫。

317

用禮讓對治爭執。

《佛光菜根譚 · 百法對治百病》

禮讓不是吃虧，
而是給對方空間，也給自己空間，
雙方都有轉圜餘地，自然沒有爭執對立。

318

只要我們培養正確的觀念，樹立堅定的信仰、廣結良善的人緣、嚴持清淨的戒律，能夠如此，不但不為命運所控制，並且能夠自由自在地改善命運。

《迷悟之間・真理的價值》

正確的觀念和行為，就是八正道。

八正道，又稱八聖道，是八種通向涅槃解脫之正確的方法和途徑，是凡夫通向聖道的方法，也是邁向身心自在快樂的道路。

自古聖賢為人所景仰效法，所謂：「高山仰止，景行行止，雖不能至，心嚮往之！」聖賢的境界，超然物外，而又不離世間人群。聖賢之境有四點：一、明鏡止水以澄心，二、泰山高崇以立身，三、青天白日以應事，四、光風霽月以待人。

《星雲法語・聖賢之境》

從煩惱到解脫，如同凡夫進入聖賢之位，見賢思齊，才能提升進步，更上一層樓。從有我到無我，從我執到放下，都是進入聖賢重要的轉念智慧。

320

人也和太陽一樣，只要有心，就能讓自己通體放光，為世間帶來光明；我們能學習太陽，不受外境影響，時時讓自己的六根放光，也才不辜負本自具足的真如佛性！

《人間萬事‧放光》

六根可以用來修行，六根接觸到外六塵，
要放出慈悲喜捨的光，
要放出般若智慧的光，
而不是發出障礙解脫的貪瞋癡煩惱。

321

唯有行佛，才是人間佛教的實踐；
唯有自己做佛，才是信仰的最高層次。

〈佛教對「民間信仰」的看法〉

行佛就是佛法的實踐，親身實踐之後，
就可以生起信心的力量；
進而成就慈悲喜捨、精進、忍辱、禪定、
智慧的大力量，做一個有力的人，
去除憂悲苦惱，即能見佛，
與佛等無差別。

信仰如星光照路，如巨宅安穩；
信仰如大船引渡，如善友相伴。

《佛光菜根譚‧勵志修行證悟》

信仰是身心的依靠，
信仰是心中的力量。
信仰可以讓我們福德智慧增長，
信仰可以讓我們煩惱消除，
信仰可以讓我們於佛道起堅固心，
不退轉於阿耨多羅三藐三菩提。

323

仁者樂山，慈德如須彌山，崇高偉大；
智者樂水，慧法如大海洋，浩瀚無邊。

《佛光菜根譚‧慈悲智慧忍耐》

道德如山，崇高偉大，如如不動。
深入經藏，智慧如海，廣大深遠。
有道德，大家會尊敬你，
可以統領大眾；有智慧，
可以煩惱遠離，身心自在。
二者在修道上，缺一不可，方能圓滿。

每一件事都是要依靠眾多的因緣才能成就，
每一個人都是要仰賴無限的生命才能成長。

《佛光菜根譚・生活勤奮人和》

世間的一切，因緣所成，
在眾多因緣中，要珍惜把握，
更積極的要能夠開發創造因緣，
乃至生生世世盡未來際。

一位婆羅門看見化緣比丘的袈裟,碰到草地上的雨露而沾濕了,他就清除了那些草。第二天,看到比丘的袈裟碰到地面弄髒了,他就用細砂鋪在地面上。後來,他又發現比丘在大熱天會流汗,而在下雨天時,身體會被淋濕,於是就在比丘進城乞食前聚集的地方建立一間休息的房舍。

房舍建好之後,他邀請佛陀和眾多比丘接受供養,並且說明自己如何一步步地完成他的善行。佛陀說:「婆羅門!有智慧的人一點一滴完成善行。同時,慢慢地持續不斷的去除心中的煩惱。」

《法句經故事集 · 供養聖者的婆羅門》

修行也是如此,
慢慢體悟,時時覺醒,
終究可以成就圓滿菩提。

笑容，是世間上最美的色彩；
讚美，是世間上最好的聲音。

《佛光菜根譚‧慈悲智慧忍耐》

心中煩惱少，無有罣礙，自然會快樂。

快樂的人自然會有笑容，

笑容來自心中的無煩惱。

有信心的人自然會給人信心、給人希望

讚美他人，所以稱讚也來自對心中的信心。

357　　　　　　　　　　晨齋語錄365

327

一期一期的花開花謝，正是人生最佳的寫照。

星雲大師〈佛教與花的因緣〉

生命可貴，但是生命無常，
有過去、現在、未來。
可以發揮人生的價值，自利利他；
可以覺悟生命的無我，自在放下，
在每一期的生命中，
開出慈悲智慧的花朵。

328

巧心慧手，可以化腐朽為神奇；
善心美意，可以轉惡因成好緣。

《佛光菜根譚 · 自然因果法則》

轉念換心，可以把哀愁變成美麗。
幻化無我，可以從世間進入出世間、
從凡夫進入聖賢、從煩惱進入解脫。

329

把自私占有的感情，轉化成無私的道情法愛；把有選擇、有差別的情愛，淨化為「無緣大慈，同體大悲」的慈悲奉獻，這樣的情感生活才能更豐富、更雋永。

《星雲法語・安心的生活》

世間以無我為我，
因此產生許許多多的執著牽掛，
透過慈悲，將自私的情感，
提升到對眾生有情的關照，
不忍眾生憂苦，不願有情沉淪，
這樣便能法界寬廣，
走出內心自私的角落。

「豎窮三際」的時間觀，可以拓展我們過現未來
的知見；

「橫遍十方」的空間觀，可以擴大我們東西南北
的視野。

《佛光菜根譚・自然因果法則》

豎窮三際，

可以把時間無限地開展而不受限制。

橫遍十方，

可以把空間無限地擴大而不受分割。

所以，豎窮三際，橫遍十方，

就沒有時空的問題，

也沒有人我的問題。

331

用知足對治貪婪。

《佛光菜根譚 · 百法對治百病》

知足第一富，能夠知足，
就是天下最富有的人。
知足的人，不貪財富、權力的擁有，
不貪感官快樂的追求，外無所求，
內無所得，身心自在。

人生不要一遇到困難就退縮，每件事都有一定的
過程；要經得起考驗，才能成功。

《如是說 · 宣揚喬達摩》

人生要越挫越勇，才能經得起考驗。
在困難中，思惟，可以露出曙光；
在挫折中，奮起飛揚，
才能突破萬難。

心胸豁達開朗的人，凡事看得高遠，不會被眼前利益所蒙蔽；

心量狹隘自私的人，處處與人計較，所以往往無法成就大器。

《佛光菜根譚 · 做人處事結緣》

無我無私的人，心胸開闊，

可以包容萬象，遠見高超，

自然不會心量狹隘，處處短見。

334

對自己要有大願力，對他人要有忍耐力，
對處世要有慈悲力，對讀書要有精進力。

《佛光菜根譚・做人處事結緣》

他人跟自己，都是息息相關的。
與其排斥他人，倒不如慈悲包容，
自利利他，歡喜融和，
才能展現圓滿的智慧。

壹拾貳

Morning

Dharma

Words

335

學佛法，要學得提放自如，該提起，就提起；該
放下時，就放下。

《如是說　·　學佛要提放自如》

提起應該要做的菩薩行、菩薩道、
自利利他、六度四攝；
放下塵勞煩惱，貪、瞋、癡、
慢、疑、不正見，
心中明白清楚，就是般若智慧。

336

「種瓜得瓜，種豆得豆」，這是輪迴因果的思想。世界有成住壞空的輪轉，時間有春夏秋冬的更替，人生有生老病死的階段，這一切都是輪迴。

《迷悟之間・輪迴》

在十二因緣裡面說明「三世二重因果：
過去因，現在果；現在因，未來果。
生命有過去、現在、未來的輪轉。
雖然如此，重要的是不要有煩惱的輪迴，
過去的煩惱不要帶到現在，
現在的煩惱要能去除，不要帶到未來。

「須菩提！於意云何？可以身相見如來不？」

「不也。世尊！不可以身相得見如來。」

「何以故？」「如來所說身相，即非身相。」

佛告須菩提：「凡所有相，皆是虛妄。若見諸相非相，即見如來。」

《金剛經》

一切的有，如夢幻泡影；

一切的緣起，終究性空不可得。

看不透的人，煩惱糾結；

看得透的人，解脫自在，

歡喜圓滿，心無罣礙。

338

活著必須要成長，如種子盡力鑽出地面、對抗外境、熬過多年才能長成大樹。

《如是說・一忍萬事休》

有些人活在世間，蹉跎歲月，
浪費光陰，不知道要進步，
不懂得要提升，實在可惜。
一失人身，恐萬劫不復。
沒有人天果報，要聽聞佛法，
真是難上加難。
因此，當發無上菩提之心，
才能福慧增長，
做一棵護持有情的菩提樹王。

339

歷史可以鑑往知來，往事不鑑，來事可悲。我們打開歷史，殷鑑不遠，都是我們記取的借鏡。

《迷悟之間・歷史的鏡子》

以銅為鑑，可以正衣冠；
以史為鑑，可以知興替。
過去歷史，都是我們借鏡警惕的地方，
如同經歷遭遇，也都是我們反觀自省的重點。
但，很多人往往忘了過去的苦難，
而一直重蹈覆轍，不知苦因，終究輪迴生死。

340

人的心意，要「能動能靜」，也要「能靜能動」。身心在「動靜」裡都能夠有所安住，人生才能處處安然，時時自在啊！

《迷悟之間．動靜時間》

有些人能動不能靜，
有些人能靜不能動。
把動與靜的觀念統統放下，動靜一如，
該動的時候動，該靜的時候就要靜，
這樣身心才能夠自在。

341

低姿態是一種謙虛，是一種尊敬，是一種友好，一種禮儀。有了「低姿態」的修養，則在社會上做人處事，必能得到許多的方便。

〈星雲大師語錄〉

低姿態，是無我的修養；
高姿態，是我慢的增長。
二者相差很大，結果不同，
低姿態走遍天下，高姿態寸步難行。

水之性，在由高至下，故宜因勢利導，以為疏通之則；人之性，在有所獲得，故當喜捨布施，以為結緣之方。

《佛光菜根譚・教育教理教用》

我們一般人都喜歡有所得，喜歡擁有、喜歡得到，不想失去，慢慢地就養成了執著的習慣，不想被改變。

因此，多學習喜捨布施，才不會罣礙太多，造成種種煩惱。

343

「吾有法樂，不樂世俗之樂」，這是安住身心、
提升自我性靈的良方；能夠「身心安住」，才能
圓滿生命，才能擁有快樂的人生。

《迷悟之間・人，住在那裡》

佛法是我們安住的地方，
佛法是我們身心的家園。
很多人以世間為依靠，
就會煩惱不自在，且身心受苦。
佛法是究竟的家園，煩惱去除，苦惱不生，
自然不樂世間、不樂世俗。

不吃過頭的飯，不講過頭的話，不走過頭的路，不做過頭的事。本分，照顧當下；過頭，失去未來。

《佛光菜根譚 · 本分》

常處中道，不偏二邊，去除邪見，身心自在。

《中論》說：「因緣所生法，我說即是無，亦為是假名，亦是中道義。」

「中道」告訴我們，世間的緣起幻有，讓我們不著二邊對立，方有解脫大樂。

345

管理好自己的心；能夠把心管好，我們才能「轉
識成智」，擁有佛的圓滿智慧。

《如是說 · 找到真正的我》

管理好自己的心，就是調御自心，
是內心的智慧。
調御之後，才能轉念；
有了轉念的工夫，
才講轉識成智，轉煩惱為菩提。

346

目中有人助緣多，口中有德福報多，
耳中清淨和諧多，心中有佛歡喜多。

《佛光菜根譚‧教育教理教用》

世間因緣所成，世間就是因緣法。

因緣很多種，

但不要結惡緣，我們要廣結善緣。

多結佛法的緣，多結修行的緣，

多結布施的緣，多結慈悲的緣，

很自然地，我們有無限的美好未來。

347

做人要有「滴水之恩，湧泉以報」的美德；凡事能夠「不念舊惡」，與人能夠沒有隔宿的仇恨，則所謂「恩怨人生」，哪有什麼不可解的怨與恨呢？

《迷悟之間‧恩怨人生》

怨恨就是心的狹隘，把自己逼到死角，當然就很痛苦，走不出來。

用感恩的心，可以救自己。

世間都是相依相靠，因緣而起，互有彼此的因緣。

因此，滴水之恩，湧泉以報，自然怨恨之心一筆勾銷，

所謂「但莫憎愛，洞然明白」。

在無限的時空、無量的生命裡，我們人類數十年有限的生命，實在是大海之一漚，大地之一沙，渺乎其渺，微乎其微，所以要窮究生命之奧。

《人間萬事‧大自然的生命》

生命無常短暫，如夢幻泡影。

雖然如此，生命有過去、現在、未來，

所以要發揮生命的價值，廣行菩薩道，

自利利他，饒益有情，

成就生命的究竟圓滿無上正等正覺。

349

人生最大的悲哀，是自己對前途沒有希望；
人生最壞的習慣，是自己對工作沒有計畫。

《佛光菜根譚・教育教理教用》

人生的過程裡面，
會歷經許許多多的人事物，
有順利歡喜的，也有挫折不如意的。
悲哀憂愁之後，
能看到一條路，這才是重要的；
否則白白受苦，不知苦因，
不懂覺醒，不斷重複地悲哀受苦，
可說見不到未來希望。

350

人有先天的本性，也有後天的習慣。習慣雖然是從小慢慢養成，不過日積月累，到了後來「江山易改，習性難移」。

養成良好的習慣，對一個人一生的發展，有很大的影響。

《人間萬事 · 養成習慣》

壞習慣不要養成，
尤其是貪瞋的習慣。
因為貪瞋會障礙生死，煩惱不斷。
因此，要去貪瞋，才能自在，
所謂「至道無難，唯嫌揀擇，
但莫憎愛，洞然明白」。

351

無怨無悔實在是一種崇高的風範。

無怨無悔的人需要有道義、忠貞、重然諾，要能
重人輕己，尤其要見利不忘義，見難不膽怯。

《迷悟之間 · 無怨無悔》

無怨無悔、心甘情願，就能有所成就；
在修行上，可以成就不壞的信心，
成就不退轉的力量，
成就慈心悲願，
成就菩提道心，
可以在修行路上一直走下去，
乃至盡未來際。

352

讀書能舉一反三，讀書能解決問題，
讀書能擴大胸懷，讀書能影響思辯，
讀書能說話有力，讀書能豐富閱歷。

《佛光菜根譚・開卷有益》

宋朝蘇軾在〈和董傳留別〉詩中說到：
「粗繒大布裹生涯，腹有詩書氣自華。」
心裡有書香，人生就不一樣了。
同樣地，深入經藏，智慧如海。
經藏是佛陀要告訴我們的智慧，
多翻閱，多聽聞，必能建立正見，
使正法永存，人天歡喜，自在安樂。

353

認錯，可以進步；認錯，可以增德。認錯要會懂得反省；懂得反省認錯，才能增加力量。

「學習認錯」，這是人生一大的重要課題，有待吾人用心學習！

《迷悟之間‧學習認錯》

人非聖賢，多少有所過失；
有了過失，就要認錯，懺悔前愆，
才能清淨三業。懺悔得清淨，
在修道上增加修行的體驗，
在修行當中又更上一層樓。

354

弓工調角，水人調船，材匠調木，智者調心。

《法句經》

心是念頭的總合，念頭生滅滅，
起起落落，有得有失，有苦有樂。
如何善調於心，是學問，也是智慧。
調御師、調御丈夫，
佛十號之一，佛以大慈、大悲、大智故，
有時用柔軟語，有時用苦切語，
以真理實相教化調御有情。
我們要以佛之言教、以佛法善調己心，
降伏煩惱，才能身心自在，吉祥安樂。

355

一個真正的禪者，每天二六時中，無不是生活在
禪定之內。什麼是禪者的生活呢？
一、隨緣生活；二、隨喜度眾；
三、隨眾作務；四、隨心自在。

《人間萬事 · 禪者的生活》

與禪相應的禪者，
心無罣礙，隨心自在。
其主要的原因，
在於了解無我、無所得的道理，
才能放下煩惱，心無計較，
如《心經》說：「以無所得故」。

一、布施的播種可以發財致富，

二、知識的播種可以提高品質，

三、人緣的播種可以增加和諧，

四、健康的播種可以養生立命。

《人間萬事・播種》

世間是因緣果報的關係，

有付出，就會有收穫；

沒有付出，自然一無所成。

在修行上，多投以心力觀照身心，

緣起、無常、幻化、無我、無所得，

自然會離苦得樂，度老病死的輪迴。

一個人只要凡事「正」直，心胸坦蕩，即使在困難逆境之中，仍能守「正」而行，則其德風，必能讓眾人心悅誠服，其處事之道，必能懾服眾人。

《星雲法語‧人生一字訣》

學佛首先要建立「正見」，

有正見、正念，行為才能正直、正派。

八正道講的就是正見、正行。

有了八正道，修行才有方向，

並引導我們進入解脫的心境，從凡入聖。

因此，八正道也稱八聖道。

有八正道，世間才有解脫的聖者。

358

瞋怒怨恨，是煩惱的根本；
感恩知足，是快樂的泉源。

《佛光菜根譚‧勵志敦品警惕》

《佛遺教經》說到「能行忍者，乃可名為有力大人。若其不能歡喜忍受惡罵之毒如飲甘露者，不名入道智慧人也。」

說到知足的地方，有說到「若欲脫諸苦惱，當觀知足，知足之法即是富樂安隱之處。」知足也是少欲的良方，能夠減少所求，就可以跟解脫相應。所以，知足感恩，少煩少惱，是身心自在的泉源。

359

真理從清醒而來，善良從體諒而來；
氣質從智慧而來，美麗從慈悲而來。

《佛光菜根譚 · 自然因果法則》

世間緣起，因緣果報，清清楚楚，
有努力才有好的善報。
觀照五蘊皆空，才可以度一切苦厄。
知色身如聚沫，知感受如水泡，
想如陽焰，行如芭蕉，識如幻事。
放下我的想法、我的妄念、我的執著，
才能心無罣礙，究竟解脫。

360

有了感動，就能心甘情願的發心。
有了感動，就能無怨無悔的做事。

《佛光菜根譚 ‧ 教化修行責任》

別人的善言懿行，自己要能感動。

自己的所言所行，也要感動他人。

自己的行為曾經感動過別人嗎？

要感動別人，

除非你有大慈悲、大願心、大智慧，

才能具的讓人感動佩服。

因此，培養自己的大力量，才可以自利利他，

饒益有情，普利人天。

361

真正的美人不在容貌的莊嚴，而在於心地善良、態度莊重、為人親切、對人友愛、待人和藹；一個人若具備這些善美特質，讓別人跟你相處時如沐春風才是最美的人。

《星雲法語・人生的第一》

心地善良，也就是心存好心。
心好行為就會正確，就會做好事、說好話。
把正向的人生分享給大眾，
世界自然跟著美麗、善良、快樂、歡喜。

362

有用的話一句，勝於無益的千言萬語；

有益的事一件，勝於無用的千辛萬苦。

《佛光菜根譚 · 教育教理教用》

在《大智度論》卷三講到
「孔雀雖有色嚴身，不如鴻雁能遠飛；
白衣雖有富貴力，不如出家功德勝。」
用得上的，可以解決問題的，才是有用的。
如輪迴萬古，不如一念正覺；
千年暗室，不如一燈即明。

363

懺悔就像清水一樣，可以洗淨我們的三業罪障；
懺悔就像衣服一樣，可以莊嚴我們的身心功德。

《佛光菜根譚 · 勵志修行證悟》

懺悔得清淨，如同法水清淨我們的身心。

「慚恥之服，於諸莊嚴，最為第一。」

是故常當慚愧懺悔。

若離慚愧懺悔，則失諸功德。

慚愧懺悔，才是改過遷善的方法，

是心中的聖財、內心的寶藏。

遇事忍為妙，忍能解災厄；
處世善為寶，善能增福報。

《佛光菜根譚・生活勤奮人和》

忍辱是六度之一，是修道者必修的項目，
一般人也一樣要修。
以無我、三輪體空的理念，
度老病死，離苦得樂，
圓滿忍辱波羅蜜多。

365

佛法不離生活，行住坐臥皆可示現；
生活不離佛法，語默動靜無非是禪。

《佛光菜根譚・身心安頓的良方》

「一日修來一日功，一日不修一日空。」

真正修行在日常，佛道本在生活中。

在生活中，可以看見因緣果報、慈悲喜捨、

忍辱精進、禪定智慧；可以體驗生滅無常，

緣起緣滅，夢幻無主、無所得、無我，

乃至證得解脫，煩惱永盡，身心自在。

人間般若 023　　晨齋語錄 365

作　　　者　心保和尚
照 片 提 供　慧融法師・慧豪法師
書 名 英 譯　妙光法師
文 稿 彙 整　知融法師・林淑惠

總 編 輯　賴瀅如
編　　輯　蔡惠琪
美 術 設 計　許廣僑

出版・發行　香海文化事業有限公司
發 行 人　慈容法師
執 行 長　妙蘊法師

地　　　址　241 新北市三重區三和路三段 117 號 6 樓
　　　　　　110 臺北市信義區松隆路 327 號 9 樓
電　　　話　(02)2971-6868
傳　　　真　(02)2971-6577
香海悅讀網　https://gandhabooks.com
電 子 信 箱　gandha@ecp.fgs.org.tw
劃 撥 帳 號　19110467
戶　　　名　香海文化事業有限公司

總 經 銷　時報文化出版企業股份有限公司
地　　　址　333 桃園縣龜山鄉萬壽路二段 351 號
電　　　話　(02)2306-6842

法 律 顧 問　舒建中、毛英富
登 記 證　局版北市業字第 1107 號

定　　　價　新臺幣 490 元
出　　　版　2022 年 11 月初版一刷
I S B N　978-986-06831-8-9
建 議 分 類　心靈｜勵志｜語錄

香海悅讀網

香海文化

國家圖書館出版品預行編目 (CIP) 資料

晨齋語錄 365 / 心保和尚著 .
-- 初版 . -- 新北市 : 香海文化事業有限公司 , 2022.11
400 面 ; 寬 11.5× 高 18 公分
ISBN 978-986-06831-8-9 (精裝)
1. 心靈 2. 勵志 3. 語錄
225.87　　　　　　　　　　　　111017111